大夏书系·教师专业发展

走向实证

给教师的 教科研建议

黄建初 编著

华东师范大学出版社
全国百佳图书出版单位
·上海·

图书在版编目（CIP）数据

走向实证：给教师的教科研建议 / 黄建初编著. —上海：华东师范大学出版社，2021
ISBN 978-7-5760-2291-9

Ⅰ.①走… Ⅱ.①黄… Ⅲ.①教育研究—师资培训 Ⅳ.① G40-03

中国版本图书馆 CIP 数据核字（2021）第 235716 号

大夏书系·教师专业发展
走向实证——给教师的教科研建议

编　　著	黄建初
策划编辑	李永梅
责任编辑	韩贝多
责任校对	杨　坤
封面设计	奇文云海·设计顾问

出版发行　华东师范大学出版社
社　　址　上海市中山北路 3663 号　　邮编　200062
网　　址　www.ecnupress.com.cn
电　　话　021-60821666　　行政传真　021-62572105
客服电话　021-62865537
邮购电话　021-62869887　　地址　上海市中山北路 3663 号华东师范大学校内先锋路口
网　　店　https://hdsdcbs.tmall.com/

印　刷　者　北京密兴印刷有限公司
开　　本　700×1000　16 开
插　　页　1
印　　张　17
字　　数　235 千字
版　　次　2022 年 4 月第一版
印　　次　2025 年 2 月第十三次
印　　数　47 951–49 950
书　　号　ISBN 978-7-5760-2291-9
定　　价　58.00 元

出 版 人　王　焰

（如发现本版图书有印订质量问题，请寄回本社市场部调换或电话 021-62865537 联系）

自序　走向实证研究不难

走向实证研究并不难，可以举出很多例子来证明。本书引用了较多的研究案例，这些案例的作者大都是一线教师。

如果要说研究有点难，从教师的实际情况来看，难就难在准备不足、认识有误、方法不明、操作时碰到困难无处得到帮助，于是畏难情绪油然而生，驻足不前导致半途而废，甚至就此远离研究。

从道理上讲，教师要拥有一颗学习的心，准备经受一些科研历练的考验。诚如古人所言"板凳要坐十年冷"，有坚持的耐力，有对好教育的向往，遵循教育研究的方法，循序渐进，就能够从陌生到熟悉、熟练。当然，这需要付出一点时间和精力。

从实际上讲，教师需要一本指导手册，以解决入门的问题、研究方法的问题、证据搜集的问题、成果表达的问题。以哲思见长的科研方法书，可以作为教师的阅读与指导指南。但是，它长于理论、疏于实践的短板也十分明显。

本书的编写以案例见长，用真实的故事引出道理，又基于案例陈述方法，最后做学理归纳。这种阐述的思路遵循了教师的思维特征。我深知教师需要有案例作为认识问题的基础。很多时候，道理大家都懂，缺的是例子与方法。没有方法的抓手，让教师不知该从何着手。

笔者当过上海市南汇区与浦东新区的科研主任，在普教科研第一线指导教师开展教育研究达20多年，也担任过名师工作室主持人10多年。在区县科研第一线和名师工作室的工作中，笔者与骨干教师结成研究伙伴，共同开展实践研究，积累了大量案例。这些案例生动活泼又真实有效，留下了值得探讨的方法论和学理归纳。于是，站在教师的角度思考，笔者希望写出一本贴近课堂、亲近教师的指导手册，有别于现在能够读到的那些重理论分析、轻案例实证的书。

走向实证研究已经成为学界的共识。何谓实证研究？就是拿出证据来！说话要有证据，没有调查就没有发言权。教师把行动研究做成实证研究可以提升研究水平、成果价值。按照实验的思路把实践的行动研究朝着科学的实证研究道路上转型，既不难也有意义。

教育科研有狭义和广义之分。狭义的科研指课题研究，广义的科研不局限于课题研究，没有课题照样精彩的例子比比皆是，有了课题却走样的例子也并不鲜见。为了阐述清楚，我们需要划清不同概念的界限，但是到了教育现场，才发现教师的"研究"实践很难条分缕析。宽泛的研究或许就是海平面以下的冰山，隐含了比狭义的课题研究多出数倍的经验性成果，有些成果还难以用文字阐述，隐藏在学校的教育故事里。

本书以课题研究为核心，旁涉非课题研究。立足实证研究的路径，站在今天的门槛上，给教师分享一些成功的经验。站在教师的立场上，以实践的视角看教育科研，突出实践性，兼顾学理分析。它不对教育科研做宏观、中观的论述，不追求面面俱到，而是对教师怎样学做教育科研、实证研究，做以点带面的微观解读，而后给出建议。

本书的立意是：经验分享、教师立场、微观研究、有所创新，旨在给教师呈现丰富多彩的教育研究活动案例，以供参考、选择。这些案例经过时间和实践的考验，至今仍然有意义，堪称范例。事实证明，教师开展教育科研不是在框定的范围里模仿，而是依据基本原理、方法做出有创意的实践样态，这样才能使教育研究的知识宝库得到实践的滋养而丰富多彩。

在撰写书稿的过程中，笔者有意识地进行学理分析，发现基于学校实践真实案例中值得归纳的学理。由于很少有学者走进学校、走进课堂与教师进行互补性的合作，所以这些宝贵的资源大多被湮没在日常的教育生活中，没有得到开发。这正是本书的特点之一，努力挖掘学校实践中孕育的教育智慧。

由于教育的复杂性、多样性和不确定性的特点,所以研究起来有点难。然而,就教育科研来说,很多时候是人为使其过于精深和艰难,让教师望而却步,不敢进入此门。笔者把这些来自课堂和学校的经验融入培训课程,产生了良好的效果。其实就是把理论、方法放到实践中去验证和践行,这是实证研究的重要思路。基于案例、方法和理论的"三位一体"式培训,笔者把"默会知识"变成"明确知识",并将它融入名师工作室培育、骨干教师培养,乃至青年教师校本研修等工作中,成效都比较明显。笔者也从中得到诸多感悟和反思。本书是依据教师培养的实证成果用案例、方法、理论建构起来的,不走演绎的路径,而走归纳的路径。

本书每一篇章的阐述没有用一个统一的框架,因为教育不是依据人们的认识用"统一"的模板展开的。哲理性研究固然很有价值,得出"应然"认识不难。但是,由于教育的复杂性、多样性和不确定性,"应然"如果没有用"实然"研究加以落地生根,价值会大打折扣。学校的教育往往是"实然"在牵制着走向与路径。认识到这一点,有助于我们对教育科研的实证研究认识得更深邃,实操更多样。对那些还没有进入报纸杂志的实践性资料,我们要保持一定的敏感和认同。对教师的实证研究要预留充分的施展余地,等待着教育园地百花齐放的那一天。

学校教育生活的丰富多彩,笔者想通过案例呈现。本书呈现的案例不拘泥于某一种"标准",只是提供参考,希望教师从中得到启发,基于本土、基于实践创造出属于自己的实践研究与实践创新的成果。期待以范例引出更多的范例!

黄建初

2021 年 2 月 21 日

目录 CONTENTS

第一单元
入门并不难

如何从问题出发选择合适的课题	003
如何借鉴理论视角来设计课题	011
课题选择设计例析与借鉴	020
教师学做课题研究的意义	027
要学点教育史、教育哲学和形式逻辑	035
教师要学做文献研究吗	043
如何做文献阅读与文献综述	052

第二单元

方法有依循

研究方法的演变——走向实证研究	065
行动研究是一种研究方法还是研究方式	072
如何做课堂观察	078
如何做课后访谈	087
如何做问卷调查	097
调查研究的阅读与借鉴	107
如何做前后测及数据分析	121

第三单元

扎根在职场

如何做经验的总结与提炼	135
借助"第三只眼睛"提升经验的价值	142
如何以课例研究支撑课题研究	150
以经验提炼撰写课堂观察与分析	156
以问题剖析撰写课堂观察与分析	164
好文章是改出来的	174
不妨以写驳论文培育批判性思维	184

第四单元

写作重证据

如何撰写读后感	197
如何撰写教育案例	205
如何把案例评析做成经验论文	215
如何撰写课例研究报告	223
课例研究报告的阅读与借鉴	229
课例研究中的论文写作	241
如何撰写课题研究报告	250
后记　斜风细雨科研路	259

第一单元

入门并不难

当前的教师研究更需要向专家研究靠近、趋同。教师研究向专家研究靠近的目的并不意味着让教师研究变得更加复杂、更加困难，并非以"学术"或"科学"的名义让教师对研究望而却步、望洋兴叹。相反，教师研究向专家研究靠近的目的是为了让教师研究变得更简单、更容易操作，让教师因了解研究的简单规则和操作程序而驾轻就熟、举重若轻地从事研究，让教师借助"科学研究"的简单程序而保持更加敏感的问题意识和更加持久的研究热情。

——刘良华

教育，在很多时候是艰难的，但是这种艰难，并非由于它的高深，而是由于大家过度地追寻严谨和高深。这个"大家"，既包括那些所谓的专家、学者，也包括许多一线的教师——他们既头痛于那些艰涩的理论，又对艰涩的理论表述孜孜以求，仿佛那是一顶桂冠。

——谢云

新的做法和认识，带有明显的情境性，而不一定具有广泛的普适性。至于这种"情境性认知"是否属于"创新"，是否算得上发现了特定情境中的特殊规律，是否能够成为教师的"实践性知识"或"个人理论"，评判的标准一是看是否解决了原来所要解决的问题，二是看对这种解决方法和结果的解释能否自圆其说，能否得到同行和社会的认可。

——张肇丰

如何从问题出发选择合适的课题

[问题呈现]

选题是开展课题研究的第一步。不过,在选题方面存在着一些误区,比如认为已经研究过的课题不能再选。于是,教师在课题名称上下了功夫却难以取得较好的效果,选题的路径越走越窄。也有请专家给教师提供一个课题名称,教师直接引用做研究,最后的成效一般都不尽如人意。

[案例析评]

一位中学科研主任发来几个教师准备申报的课题,题目是"协同育人视角下,基于'幸福课程'校本化推进的中小学德育活动课程一体化建设的实践和研究""借助初中数学教材章末阅读材料,培育学生高阶思维的实践研究""沪郊农村初中合唱进课堂的教学策略与课程建设研究""初中物理电路故障分析教学中培养学生高阶思维能力的实践研究"。这些课题都体现了教师的思考,显示了教师改进教学、提高质量的意愿,这是值得肯定的。教师愿意走进研究的大门,学习教育科研的路径和方法,表明了教师对专业发展的向往,对好教育的探求。

据这位科研主任介绍,他们学校正走在以科研引领教师专业发展的路上,组织青年教师开展研究是学校龙头课题被区教育局立项以后的后续措施，让青年教师通过研究迅速成长也是校本研修的有力抓手。对此，我深以为然。

一、教师选题辨析

1. 从实践视角看选题

课题研究要在做中学，动手方能获得经验；在实践中摸爬滚打，方能逐步提高研究能力。指导课题时，我比较谨慎，不会直接给出一个题目让教师做，因为我多次看到直接给题目让教师做的弊端。这好像走了捷径，其实不然。光有一个崭新的课题名称，缺少研究的准备和能力跟进，高成效、好成果的获取几乎是不可能的。根基不牢，拼拼凑凑、剪贴的成果没有价值，这样的选题方法不可取。

我希望教师从阅读文献开始走进研究的大门。于是，发给科研主任四篇文章，让教师们先读一读，做研讨交流前的热身。文章是《教师研究与专家研究的大同小异》（刘良华，载于《上海教育科研》2010年第9期）、《什么是中小学教师的实践创新》（张肇丰，载于《教育发展研究》2011年第2期）、《加强教育实证研究、促进研究范式转型的华东师大行动宣言》（载于《教师教育研究》2017年第2期）、《教师做研究的四对关系辨析》（黄建初，载于《今日教育》2017年第12期）。这些文章是对教师做研究的学理归纳，不仅具有时代意义，也具有实践价值。

我要求教师在阅读时做批注，读进去，然后提出一个问题。提出问题有时比解决问题更重要，而我的目的还在于检测他们是否下功夫阅读了。

2. 从创新视角看选题

上述青年教师的课题设计都留下了当今关于怎样选题的研究烙印。学界有一个通行的说法是研究需要创新，所以重复他人的选题往往会受到质疑甚至被打入冷宫，立项时不予通过。这样一来，教师在选题时不得不搞出一点花样，以示"创新"。经常可以看到课题名称加一些前缀，如"协同育人视角下""学生视角下"，或者"基于××的"，等等。有的教授对此不屑一顾，反对这样的表述方式。

这里涉及一个重要的问题，那就是什么才叫教师在做教育研究时有所创新了呢？

普教科研曾经在很长的时间里照搬专家的研究，初期是在模仿中学习，有点成效，现在可能有些脱离实际，被束缚了手脚，难以施展。

专家研究与教师研究是大同小异的（刘良华，2010）。大方向一致，小的地方有区别。专家研究要么是理论创新，要么是方法创新，所以选题需要新颖，不与他人"冲撞"是选题的基本原则。如果已经有前人完成了研究、得出了研究结论，后人不会再重复研究，除非发现前人研究有瑕疵、结论有漏洞，才会对前人的结论重复验证，提出新论点、新方法。这样的研究对研究人员的能力提出很高的要求，一般人很难企及。

教师研究是进行理论创新和方法创新吗？不是。教师是实践工作者，做研究的目的是解决问题，解决自己面临的问题。所以，选题思路应该与专业人员有所区别，选择课题时，实践性理应优先于创新性。

张肇丰先生对教师学做研究的创新性问题有如下论述。[1]

教师的实践研究，是认识主体在特定情境中对教育教学规律的一种再认识和再发现。所谓实践创新，就是教师在自身所处的特定情境中，对前人提出的教育规律或教育理论有了新的领悟和新的应用。一般来说，再发现的东西不应该是未知的，但由于它是在某个特定情境中发现的，对特定的认识主体来说又是一种新认识，因此就具有了一定的未知成分，也就具有了一定的实践参考价值及理论研究意义。

比如孔子在两千多年前就提出和践行了"因材施教"的理念，但是他老人家不可能为我们指点在不同时代、不同地点、不同人群、不同情境中如

---

[1] 张肇丰.什么是中小学教师的实践创新[J].教育发展研究，2011（1）.

何施教的具体方法，这就需要广大教师的实践研究和实践创新。研究的方法可以包括以往提出的各种科学研究方法，包括实证研究和实践研究，通过系统的研究提炼出新的做法和新的认识。这些新的做法和认识，带有明显的情境性，而不一定具有广泛的普适性。至于这种"情境性认知"是否属于"创新"，是否算得上发现了特定情境中的特殊规律，是否能够成为教师的"实践性知识"或"个人理论"，评判的标准一是看是否解决了原来所要解决的问题，二是看对这种解决方法和结果的解释能否自圆其说，能否得到同行和社会的认可。所以教师的研究成果既需要实践检验，也需要交流和发表。

张肇丰研究员给教师的创新进行了正名，解决了长期以来的认识误区问题。教授做普适性研究，教师做情境性研究，两者有所区别，或曰分工不同。

通俗地说，教师是要研究解决面临的实际问题，所以首先需要考虑的是"问题"。这是一个真问题吗？（教育中有很多问题是假命题，不值得研究。）这个问题的表象与实质是什么？前人在解决这个问题时有过什么经验？我可以从中借鉴什么？我将运用什么方法使问题得到妥善解决？

刘良华教授讲过："不要问你的研究有多么新，而要问你的研究有多么旧！"此话一反常理，似乎有点不可思议。其实，他为教师的选题提供了大智慧。很多学校或教师的课题研究可以证明上述结论的正确性。有学校或教师做的研究，初看选题十分新颖，以为由此能够得到好的成果，最后的结果却出乎意料并不如意，最终不了了之者很多。因为要重新架构教育，推倒重来，既无必要，也不可能。教育改革是继往开来，在传承中创新，不是把前人的东西全盘否定，然后推倒重来。凡是想把教育推倒重来的教改实验，一般都因脱离社会现实而难以成功，没有好的结果。

所谓"多么旧"的研究，是因为有前人走过的路径可以参考、参照，所以在解决问题的过程中，不至于过分盲目、盲动。学校科研和教师个人研究如果能够在前人的基础上向前推进一点点，已经是很了不起了。

3. 从复制与推广看选题

教育研究与自然科学研究有所不同。自然科学研究成果容易复制推广，教育研究成果则复制推广起来比较难，因为教育有复杂性、不确定性和多样性。

对于自然科学研究来说，创新是首选，创新才有价值，才有生命力。比如专家创造出第一个微波炉，后面可以大批量生产，问题已经得到解决，专家的功劳在于创新、创造。后来者也要做研究，但不能再研究微波炉了，可以选择研究机器人，这一研究才是创新、创造，才有价值。一旦机器人的研究有了结论，大规模生产起来就会非常方便。所以，重复研究没有必要。

教育不是这样。专家得出的研究结论——理论和方法，在南校可以证明有成效，到了北校可能作用不大，因为两所学校的历史沿革、发展路径、教师队伍、学生特点不一样。如果要推广南校的经验，应该是在研究中推广，而不是简单复制。俗话说，复制教案复制不出效果，就是这个理。

教师的教育创新在于借鉴前人的经验，在传承中创新。很多时候，教师只是对前人的经验进行细微的修改，创新的步子很微小，意义却很大。

如果我们认同教师的实践创新就是解决问题，解决的方法能够自圆其说，得到专家同行的认可就行，那么问题就比较明确了。如果可以不在选题这个问题上大伤脑筋、冥思苦想，教师的课题也就不必用前缀装扮门面，虚晃一枪，实实在在就好。

到此，这种对前人研究过这个选题的纠结就可以释怀了。

关于对科研成果的推广，一度有领导极力推崇，把成果推广列入重点工作。然而，推广的效果没有预想的好，究其原因，就是"复制教案复制不出效果"这句经典话语所传达的道理——简单的复制推广并不能解决复杂的教育问题。某学校是成功教育集团的下属学校，成果推广初期，学习成功教育经验成效明显。中期以后，教师感到那些推广的课件限制了自己的创新和灵动，无法再用复制的方法解决实际问题。此时需要修改课件，这修改的过程其实就是教师依据实际情况做"本土化研究"的过程。这一本土化研究的过程就是用先进原理创造性解决实际问题的学习、思考、实践、反思的完整过程。如果教师有心做记录,把过程完整地呈现出来,再加上分析和评论,就是在做一个行动研究的课题,题目可为"成功教育在某某学校的本土化行动研究"。

二、教师选题的准备

1. 先做调查研究

把选题的功夫用在设计这一准备工作上,是值得为之的举措。

在选题和设计的同时要做调查研究。把问题放到调查中,听听当事者各方的想法,如:学生怎么看这个问题,同行怎么看这个问题;翻阅文献找到相关文章、专著,了解前人是怎样处理的,有什么值得借鉴的方法,专家对此有什么学理上的揭示。通读那些在理论方面最有造诣的专家的论述,就是在基于教师个人化的理论视角把问题搞清楚。当教师做完这些事情,其对课题的研究假设已经成竹于胸。

2. 形成研究假设

假设与验证是自然科学研究的唯一通道。把这个思路引入教育研究是有价值的举措。教师的行动研究依据假设与验证的技术路线行进,会走出经验的局限,走向科学的行动研究。这条生机勃勃的研究之路也会越走越宽广。

要说自然科学研究与教师教育研究在假设上有什么区别,那就是自然科学研究的假设来自猜想。想象力特别重要,不管是创新还是创造都离不开猜想。教育研究的假设来自实践,是把教育中的问题、弊端聚焦到一个值得研究的点上,在明察秋毫中针对问题提出假设。一般来说,这个问题不会是凭空而来,往往有前人的研究存在。

用"猜想"作为假设的教育研究课题一般都没有好的结果。曾经风行一时的种种教改实验,或是引进国外的成果将其照搬到我国,或以局部的经验去覆盖所有的学校，结果都吃力不讨好。翻阅这些研究课题的设计就会发现，立论的根据不是针对自己学校客观存在的问题而开展研究的。这些课题研究缺乏对实际情况的关注，所以没有清楚的目标，不知道研究走向哪里，最后怎样验证假设，往往心中没数。

教师选择课题，不是不能借鉴别人的先进经验，而是要在借鉴中实施"本土化研究"，以实验的思路在改进中尝试，验证其是否能够"成活"。移植很有可能因水土不服而枯萎，"嫁接"倒是一种比较合适的举措。把"枝条"嫁接到本校本学科的树干上，提供适宜的土壤、空气、养料，"成活"会容易得多。

其实，形成研究假设并不难，要有在设计书中陈述清楚的意识。之所以有点难，在于课题承担人是否有假设与验证的思想认识，是否能够说清楚实验抓手（方法）与实验成效（效果）这两个关键概念。

3. 思考验证假设

对假设进行验证，这是一个难题。以往因为搜集证据的方法不多，所以有点棘手。常常用考试成绩来证明，但证据的可靠性值得怀疑。用获奖多少来证明，事实上很多评奖掺杂了水分，真假难辨。还有靠所谓的"影响力"来证明，课题承担人有领导权，召开成果发布会比较方便，影响力就大。反之，一位普通教师哪有组织成果发布会的可能，更无邀请各路专家到场的条件，因而影响力指标也有失真的可能性。

教育研究中，调查法是搜集证据的方法。在设计书上把调查法一一予以说明，是可取的做法。教师常用的调查法有课堂观察、课后访谈、问卷调查、实物分析四种。教育研究中涉及定量研究与定性研究两种类型。在搜集证据中，以定性研究（质性研究）为主，定量研究（量化研究）为辅。由教师承担的课题，能够运用到两三种调查方法，已经很了不起了。以多种方法来搜集证据，可以得到互证的效果，可信度会提高。

在课堂教学现场搜集学生学习的实然状态，记录完整的学习过程，而后分析学习行为背后的原因、要素，已经被专家认同，被许多学校运用。行动研究由此得到质的提升。

教育涉及人，对人的研究很难用实验验证。所以，以往的教育研究绕开了实验这条路，想另辟蹊径用其他方法代替。这无可非议。然而，对教育研究方法的研究也在发展中进步，现在我们拥有了众多可以选择的方法。既体现实验研究的思想，又绕开研究伦理的难关，也是可以实现的。学界之所以很推崇行动研究，是因为行动研究与准实验研究是一胞双胎的孪生兄弟，而准实验研究是对实验研究的改良，秉持的精神是相通的。

重新认识教育实验这个方法，走准实验的道路，把行动研究设置为首选，已经成为学界共识。专家还告诫教师，要从实践的行动研究走向科学的行动研究。走向科学的行动研究，可以选择的路径就是假设与验证这一条路。

[一点建议]

"不要问你的研究有多么新，而要问你的研究有多么旧。"对教师的选题来说，带来的是务实与宽松，是思想解放。

读一读专家对选题的论述，有助于思考的深邃。比如，刘良华的《教育研究方法》第二章"如何选题"，华东师大出版社 2014 年出版；刘良华的《教育哲学》第三章"教育哲学的方法论"，华东师大出版社 2017 年出版。

如何借鉴理论视角来设计课题

💡[问题呈现]

设计课题本来不难,但是因为把问题搞得复杂了,所以显得比较困难。按照实证研究的思路来设计课题,走实践创新的研究之路,则路径好找,方法易学。

📖[案例析评]

假设与验证是实验研究的思想。教师学做实证研究,可以走假设与验证的路径。

刘良华教授在《教育哲学》中指出,哲学思辨方法有三:学分类、做比较、找关系。所以,用"找关系"(揭示因果关系)的方法设计课题是有哲学依据的。

一、由典型的研究选题带来的启示

刘良华教授在《教师研究与专家研究的大同小异》一文中对教师的选题有如下论述。[①] 他指出:

---

① 刘良华.教师研究与专家研究的大同小异[J].上海教育科研,2010(9).

适合中小学教师做的实证研究主要是实验研究，而调查研究往往成为实验研究的辅助方法——先调查哪些因素对学生的学习成绩或学习兴趣构成了因果关系（或相关关系），然后用实验研究的方法去验证这些因果关系。典型的实验研究的话语方式是"……对……的影响的实验研究"或"……对……的影响的调查研究"，比如"思维导图对学生语文学业成就的影响的实验研究"。这样的话语也可以浓缩为"……对……的影响"，比如"思维导图对学生语文学业成就的影响"，还可以进一步压缩为"……的实验研究"，比如"思维导图实验研究"。反过来说，如果某研究报告的主题显示为"思维导图实验研究"，那么，这份研究报告的完整标题乃是"思维导图对学生语文学业成就的影响的实验研究"。

笔者对一位教师的课题做过分析，发现她的研究可以转换成经典的研究题目。这位老师的课题名称是"高中数学实施'独立作业法'的行动研究"。她的研究暗合了刘教授所说的经典题目，其实就是"'独立作业法'对高中学生数学学习成绩的影响的行动研究"（经典题目表达方式的填空置换）。其演绎变化的标题可以是"我的'独立作业法'研究"（叙事研究题目），或者"高中数学实施'独立作业法'的行动研究"（行动研究题目）。"独立作业法"是改革的措施（也可视为实验因子），提高成绩是其引起的变化，因果关系的研究表现得清晰明了。

由刘良华教授的观点引申出的认识是，一个好的研究题目是可以还原到经典题目的样式的，也可以通过经典题目检测教师选题的优劣。

例如"普通高中优化学生学习品质的实践研究"，初看题目似乎不错。但把这个研究题目与上述老师的研究题目相比较就可以看出问题所在：一是少了用什么改革措施作为实验因子（申报书的设计中也没有说明）；二是学习品质用什么标准来判定。如果研究到最后只是把学校的工作通通揽进研究的筐里，笼统地枚举学校工作的方方面面和取得了哪些荣誉称号等，这种研究从一开始就埋下了选题不当的隐患。不过，这样的选题错误却很普遍。

现在的很多课题，只有目标，没有实验抓手（即实验因子），所以往往变为学校教改的筐，什么都可以往里装。这是一种低水平的研究，最终的研究报告很难清晰地呈现出实验的自变量与因变量之间到底存在什么必然的联系。笼而统之，因为教改所以提升了学校的办学水平，被专家的批判所击中——把教育研究变成一次思辨的结果。如果不做这项研究，照样可以呈现研究报告。这把实证研究变成了思辨研究。①

我在一所农村初中指导教师学做研究时运用了刘良华教授的思想。课题由两位青年教师承担，题目是"数学课小组合作学习对学生学习质量影响的行动研究"。研究遵循假设与验证的思路展开，收获了良好的成效。一位博士科研员阅读结题报告后，称赞这项行动研究的水平比较高。另一位语文教师用假设与验证的思路上了一节研究课，外请的专家魏先生夸奖这样的课例"研究的味道非常浓"。

用典型的研究选题来设计课题，不仅得到了理论的观照，也降低了设计难度，提高了课题质量。

二、研究视角是选题的灵魂

工作室的学员濮毅萍老师阅读、学习了刘良华教授的《教育研究方法》以后，得到启发，撰写了一篇读后感《研究视角是选题的灵魂》。以下是文章节选。

寒假期间，翻开刘良华老师的《教育研究方法》一书，这本书是黄建初老师赠予学员的。他一直强调这是一本好书，一本有价值的书。

这确实是一本好书，特别是对于我这样缺乏系统的教育研究方法训练的幼儿园老师来说是一本很好的工具书。本书从前言开始就在教大家如何阅读这本书以及介绍本书的特色之处。

第二章讲述的是"如何选题"，这是我比较薄弱的地方，因此特别激发

---

① 黄建初. 教师做研究的四对关系辨析 [J]. 今日教育，2017 (12).

了我的阅读兴趣。所谓选题，就是选择自己所要研究的问题。这本书对不同类型研究的选题标准进行分析和阐述，让我对选题的分类标准有了一个明确的认识。

在选题方面，吸引我的是"研究视角"与"选题"之间的关系。这是我第一次接触到"研究视角"。阅读后才知道所谓研究视角，也可以称之为研究立场或分析框架，是研究者看问题的方法。出色的研究往往显示或隐含了独特的研究视角。成为出色的研究者意味着成为一个视角主义者，可见"研究视角"在研究中的地位。研究视角使我们看到一些"没有理论我们就看不到"的东西，它能帮助我们理解和遇见事实。

研究视角主要包括三种：一是理论视角，它是从某个"学科"或"学派"的角度去研究事物；二是关系视角，也可称为分类视角或比较视角；三是时空视角，它是研究者对新观点、新材料或新方法（或新工具）的选择。三者之中，时空视角一般不被视为研究视角，比较常用的是理论视角和关系视角。

回想自己曾经做过的一些课题，比如"电子白板在中班数数活动中的运用""开展大班武术集体教学活动的实践研究""在角色游戏中培养中班幼儿语言表达能力的案例研究"等，对照书中的阐述，可以看出我们原来的选题还缺乏研究的视角，所以还存在较大的问题。

从研究的视角看，这三个选题缺乏理论视角或者关系视角。没有研究视角，研究就还没有入门。没有理论框架的支持，就没有找到相关的类别或关系。就像刘良华教授所说："如果没有合适的研究视角，研究的问题就尚未提出或有待提出。"

"电子白板在中班数数活动中的运用"缺少理论视角的支撑。"开展大班武术集体教学活动的实践研究"只告诉大家研究是怎么做的，没有找到武术与幼儿身心发展之间的关系，缺少关系视角。

在这三个选题中，"在角色游戏中培养中班幼儿语言表达能力的案例研究"的表述相对好一些，但案例研究不是一个公认的研究方法。这个选题，如果以理论视角出发进行研究，可以改为"做中学理论下的角色游戏与幼儿语言发展的行动研究"。这样，以杜威的"做中学"为理论视角进行分析和阐述，研究便有了理论的依据，也便有了灵魂。

从关系视角出发，"在角色游戏中培养中班幼儿语言表达能力的案例研究"可以改为"角色游戏与幼儿语言表达能力发展的行动研究"，揭示角色游戏与幼儿语言发展之间的关系，可以是因果关系，即角色游戏促进幼儿语言表达的发展。研究者一旦选择这个选题，可以重在揭示角色游戏与幼儿语言发展之间的关系，阐明两者是一种怎样的因果关系，角色游戏是怎样促进幼儿语言发展的。

同样的话题，运用不同的研究视角会产生不同的研究效果。所以，研究视角是选题的灵魂。缺少了研究视角的选题，就像一个人没有了灵气。

研究视角将决定研究者看到什么是自己的研究重心，他将对某些看似微不足道的东西兴致勃勃、心领神会，而对另外一些看起来似乎重要的东西熟视无睹、视而不见。

表面上，选题就是选择自己所要研究的问题，实际上，选题是从某个合适的研究视角去分析某个问题。研究的视角决定研究的问题，如果没有合适的研究视角，研究的问题就尚未提出或有待提出。所以，研究视角是选题的灵魂。

濮毅萍老师以刘教授的论述反观自己做过的课题，找到了理论视角的观照，从而获得了新的感悟。

三、典型案例借鉴

苏忱先生是一位从事多年科研工作的领导和资深专家，他的书《与一线老师谈科研》收录了一篇行动研究的案例，题目是"小学英语课程中运用项目学习促进学生批判性思维发展的行动研究"，课题承担人是上海的一位小学教师杨婷。[1]

这项研究是实证研究的范例。教改试验的自变量是"项目学习"，因变

---

[1] 苏忱.与一线老师谈科研[M].上海：上海教育出版社，2018.

量是"学生批判性思维发展"，课题研究是要寻找两者之间的因果关系。研究假设是"项目学习这一学习方式能够促进学生批判性思维中两项思维技能要素（解释技能和自我校准技能）的发展"。

我在文章中做了批注。以下是文章的节选内容。

一、来自教学的问题

作为小学英语老师，在中高年级的英语课堂上，我们发现孩子们的朗读声随年级升高而逐渐减弱了，眼神里的光芒淡了，举手的人数也明显少了。最令人忧虑的是，有些学生似乎总是懒懒地坐在座位上，他们习惯了重复老师的语句，回答问题时只会模仿已被肯定的正确答案。如果问他们还有什么想法，他们就看着你，揣摩你的意思，不愿开口回答。

（注：提出问题。）

怀着疑惑，我向自己执教的五年级学生提出了一个问题："你希望接下来的英语课怎么上？"而他们的书面建议从教学形式到教学内容，让我瞬间觉得自己低估了他们的成长速度。有学生让我推荐他们能够读的英文小说，有学生要求上课有更大的挑战性和更强的趣味性，有学生想了解更多历史文化的知识……

（注：用小调查澄清问题。）

推荐英文小说或者补充历史文化知识，都是不错的建议。而建议中提到的希望"上课有更大的挑战性和更强的趣味性"，更是我作为英语教师的使命。

二、对问题的分析与界定

1. "挑战是什么？"——对学生心理的了解

学生所说的"挑战"究竟是什么呢？在和提出这些建议的孩子深入交流之后，我发现他们所说的"挑战"是思维挑战。"让自己的头脑可以兴奋地运转起来的东西"，他们说。

通过查阅资料，我们发现，从小学中高年级开始，学生的思维发展进入新的阶段（皮亚杰称之为"形式运算阶段"）。这一阶段学生思维的最大特点是，摆脱了具体事物的束缚，能根据种种可能的假设进行推理。

（注：寻找理论解释。）

而我们在中高年级课堂上观察到的情况，显然是由于我们的英语教学未能跟上学生的思维发展，较低的思维容量和封闭的课堂氛围使学生在英语课堂中出现思维怠惰。在孩子们开始渴望复杂思维过程的时候，如果我们还是采用听听、读读、唱唱、演演的教学方式，那么那些有更高思维挑战要求的学生的学习动机很可能会受损。

2. 应该培养什么样的思维

到了小学中高年级，我们应该培养学生什么样的思维呢？《上海市中小学生学业质量绿色指标（试行）》将高层次思维能力视为评价学生学业的重要维度之一，并明确将批判性思维能力列入高层次思维能力。可见，批判性思维能力的培养应该是中小学各学段、各学科教师的共同任务。然而，在小学英语的实际教学过程中，由于小学生英语学习程度尚浅，一线教师就面临这样一个难题：怎样才能通过有限的语言信息来促进学生批判性思维能力的发展。

3. 怎样培养批判性思维

在文献查找的过程中，我发现了"项目学习"（project-based learning）这一学习方式。

"项目学习"这一概念在理论上可以追溯到杜威提出的"反省思维"（即批判性思维的前身）这一概念，在实践中则可以追溯到克伯屈在1918年提出的"（项目）设计教学法"。事实上，正是由于"（项目）设计教学法"的步骤是根据反省思维的步骤提出的，所以"项目学习"从诞生之日起就与批判性思维结下了不解之缘。

在项目学习中，学生能够经历完整的思维过程，因而项目学习活动被认为是促进批判性思维较为有效的学习方式。

面对社会赋予的责任和学生的实际需求，我们希望能通过项目学习这一被国内外教育界公认的，对学生批判性思维发展有利的课程活动，帮助我们解决教学中的这一难题。

（注：借鉴前人的经验。）

三、研究计划的制订

1. 研究对象和研究目的

本研究希望在小学三、四年级的牛津英语课程中，尝试采用项目学习这一课程活动，从而达到如下研究目标。

（1）探索项目学习在小学三、四年级牛津英语课程中的实施方式。

（2）检验项目学习对小学三、四年级学生批判性思维发展所起的作用。

2. 研究内容

（1）研究小学三、四年级的牛津英语课程，选择适用于项目学习的教材主题，并依据课程标准和教材，设计出能够体现教学目标达成程度的项目驱动问题、产品形式和评价标准（在做研究的这一学年中，拟在小学三、四两个年级共完成4～6个实验性项目的设计与实施）。

（2）设计出学生完成项目产品所需经历的活动以及相应的资源。活动包括搜集信息活动、加工信息活动以及应用信息活动三类。

3. 研究假设

刚开始，我们的研究假设为：项目学习能够有效促进学生批判性思维的发展。后来，"小学英语课程中运用项目学习促进学生批判性思维发展的行动研究"的研究设计非常幸运地在2014年上海市青年教师教育教学研究课题评审中立项。

在立项书中，评审专家提供了非常精要的意见。"选题符合素质教育要求和学科教学改革方向。研究项目理论根据充分，研究思路清晰。申请报告格式规范，内容翔实，表述清楚。研究应注意在项目学习中按照学生的年龄特点和学科要求合理提取批判性思维的要素，不宜求全，不能拔高。"

于是，在研究假设的制订过程中，我们吸收了专家的意见，减少了批判性思维的要素。依据较为权威的美国哲学学会的《德尔菲报告》(Delphi Report)，指出"批判性思维是有目的、自我校准的判断"。其核心技能包括解释（interpretation），即归类、阐明重要性并澄清意义；分析（analysis），即审查理念、发现论证、分析论证及其成分；评估（evaluation），即评估主张、评估论证；推论（inference），即质疑证据、提出猜想、推出结论；说明（explanation），即陈述结果、证明程序的正当性和表达论证；自我校准（self-regulation），即自我审查和自我校正。我结合学生的年龄特点和小学英语的学科特点，将解释技能和自我校准技能确立为研究重点，并进行更具体的界定。

修正后的研究假设为：项目学习这一学习方式能够促进学生批判性思维中两项思维技能要素（解释技能和自我校准技能）的发展。

这两项技能在本研究中的具体定义如下：解释，即能否对收集的信息进行较为准确的分类；自我校准，即能否较为客观地评价自己的表现，能否找到自己在活动中的可改进之处，并予以改进。

阅读杨婷的这份课题设计，与常见的课题设计的区别在于将假设与验证贯穿其中，是一份以"找关系"为研究视角的行动研究。因为渗透了实验的思想，实践的行动研究走向科学的行动研究才有了可能。

[一点建议]

杨婷老师课题设计的思路是：我碰到了教育教学中的难题，采取一般方法难以解决。通过文献阅读和分析获得了理论视角和实际经验，文献拓展了我的视野，让我看到了他人的经验。假设其中一种或几种方法对我解决问题是可行的，于是我借鉴前人的经验，形成研究假设。把假设设计成教育教学活动，在实践研究和实践创新中解决了我所面临的难题。此举足以借鉴。

其中的改良、变革，就是研究的价值与意义。最后用研究报告对方法与成效之间的关系做出自圆其说的解释，提炼研究结论，形成研究成果。

课题选择设计例析与借鉴

💡 [问题呈现]

教师在选择和设计课题初期,如果没有"想明白",也不能"说清楚",就会困难重重。想明白的过程需要阅读文献、做调查研究,把问题搞清楚。说清楚的过程是着手把思考变成文字,形成有逻辑结构的设计书。

📖 [案例析评]

一、对课题的辨析

一所学校的德育主任选择了"协同育人视角下,基于'幸福课程'校本化推进的中小学德育活动课程一体化建设的实践和研究"这个研究课题。她介绍这个课题来自区里近期德育工作的重心。她把德育工作变成了一个课题,这可能不行。工作与研究是两回事。区里的工作计划比较宏观或者中观,学校的德育研究比较微观,尤其讲究针对性、实践性。所以把德育工作的重心转化为自己学校的德育思考、德育实践是关键。

课题名称涉及了诸多概念,也容易把自己搞糊涂。提出"协同育人视角下"做德育研究,言下之意是追求"育分""育绩"的德育。把"协同""育人""视角"放在研究的前提思考,这个问题涉及的内容过于复杂,要想想明白、说清楚还比较难。然后是"幸福课程""校本化推进""德育活动""德育课程",还有"协同""一体化",众多概念在一个课题里出现,往往是笼而统之的思考。把所有的方法技术装到一个篮子里,德育似乎就会搞好,这是工作的设想,但与研究需要假设与验证的思路不符。

我希望德育主任想一想,自己学校的德育经验和德育存在的问题是什么,然后选择可能会促进德育工作有效开展的方法(这是形成研究假设的重要一步),以此作为实验抓手(实验因子、自变量),看看能否取得理想的效果(实验成效、因变量),然后阐述它们之间的因果关系。当把这些问题想明白、说清楚的时候,课题名称已经呼之欲出。

"初中物理电路故障分析教学中培养学生高阶思维能力的实践研究"是一位物理教师的选题。这位教师参加区内教学评比经常名列前茅,教学能力不错。这个选题的主要问题是"电路故障分析教学",它不是实验抓手,不是实验的自变量,只是教学内容的陈述。所以需要物理教师想一想,他人在初中物理电路故障分析教学中一般采取什么教学方法,比较先进的教学方法是什么,我的经验与教训是什么,从中寻找有助于突破电路故障分析难点的教学方法,然后在教学中实施,看看效果如何。此外,高阶思维能力还需要聚焦剖析高阶思维能力的分类,从分类中找到对应物理电路故障分析的思维能力,然后设计课题研究的方案。

"借助初中数学教材章末阅读材料,培育学生高阶思维的实践研究"这一课题,需要教师先弄明白下列问题:现在教材中都有必读必学内容,也有选读选学内容,那么必学内容与选学内容的区别与联系是什么?选学内容对必学内容起到补充、完善作用的话,补充什么?完善什么?两者在教学上有相同点和不同点吗?有的话,相同点与不同点是什么?由此教师需要做什么?怎样做?方法的选择依据是什么?

音乐教师的课题"沪郊农村初中合唱进课堂的教学策略与课程建设研究",还没有把研究凸显出来,过于笼统。这位音乐教师在校内组建合唱团已有八年,作为社团活动做得有声有色,得到领导、家长、学生的一致肯定。这个社团活动如今还在继续。我与他的交流从请他讲讲社团活动中的故事开始。他如数家珍，可见合唱团活动真实而有成效。

我继而请他讲讲学生的成长故事。那几位如今已在大学学习还和他保持联系的学生，对小学、初中阶段合唱团的学习生活难以忘记。我说，这中间一定有值得总结的经验。我和他通过学生的成长故事看到了学生自信心的增强、伙伴合作能力的提高、审美能力的提高，甚至还有对美好生活的向往。这些素养和考试成绩可能没有直接联系，但是为学生的终身发展提供了比成绩更重要的东西。

由此可见，音乐教师可做的选题是进行教育经验总结，研究成果就是教育经验总结论文。另一种选题是把以往的经验作为新实验的基础，针对当前音乐教育学生素养的培养要求，重新设计课题，做一次中规中矩的课题研究。这位音乐教师告诉我，他的招生不拘一格，一是教师推荐，二是学生自己报名。不以学生原有基础作为评审标准，哪怕五音不全只要学生自己提出，就可以成为学员。同时，宽进宽出，可以选择参加，也可以选择离开。给学生自主权，是学校教育中严重缺失的东西，需要研究给学生自主权意味着什么？对于自信心和伙伴合作能力的培养，我们一般容易理解，也好操作。关于审美能力的培养，是一个可以用力的地方。审美能力培养的意义容易理解，但实践的途径与方法还缺少事实证据来证明。至于用什么方法展开研究，我给他的建议是"案例研究""个案追踪与分析"。选择活动个案和学生个案作为研究对象，把设计、实施、反思与分析一一呈现出来，以夹叙夹议的文体阐述，集中十来个个案，一篇研究报告的素材就有了。之后再做整理、归纳、提炼，就是一份行动研究的准实验报告。

二、课题设计

1. 课题题目组成

课题题目一般由三个部分组成。以杨婷的课题"小学英语课程中运用项目学习促进学生批判性思维发展的行动研究"为例，它有研究范围——小学英语课程，有研究抓手即实验的自变量和因变量——运用项目学习促进学生批判性思维发展，有研究方法——行动研究。所以，教师既选择了课题也需要检验课题，是否由三个部分组成，是否符合学界的共识。

2. 课题实施过程与方法设计

有了选题，接下来是设计。前面已经分析了杨婷课题的"问题与假设"，下面还以这个课题来说明"方法与过程"。（节选的文章保留了原来的顺序编号。）[1]

4. 研究程序

我们将研究程序分为准备、实施、评价三个阶段。由于这一研究任务完全融入日常教学之中，因此课题组中小学三、四年级的英语教师在研究过程中也就相应地完成该年级的教学任务。

研究阶段及任务是：

阶段1：收集并研究文献，研读"课标"与教材，培养学生合作能力。

阶段2：步骤1，寻找项目选题。步骤2，设计驱动问题。步骤3，规划项目过程。步骤4，管理项目过程。步骤5，评价项目成果。

反省、修正。（注：指研究阶段2与研究阶段3的循环往复。）

阶段3：整理项目设计及能够展示学生思维过程的素材，检测学生批判性思维发展情况。

5. 评价和检测的设计

为了能够较为清晰地反映学生在研究过程中批判性思维可能产生的变化，我们设计了如下三种评价工具。

（1）开发能够反映学生思维过程的项目日志。我们开发了与项目内容相匹配的项目日志，学生在项目过程中及时记录自己的思维过程。

（2）保存由学生作品组成的思维成长档案袋。在研究课题的整个进程

---

[1] 苏忱.与一线老师谈科研[M].上海：上海教育出版社，2018.

中，我们给学生设置的任务，在思维技能的要求上逐渐递升。这使我们能够通过思维成长档案袋来考查学生在思维技能方面的成长情况。

（3）使用评价工具，检测参与本课题的学生在参与项目学习前后批判性思维的变化。本研究根据测量重点，对美国哥伦比亚大学研究生邢丹丹开发的测量学生创造性和发散性思维的工具进行了相应调整，将访谈改为问卷形式，从而获得相应的评价问卷，并进行前测和后测两个版本的问卷设计。

四、实施行动研究计划

1. 研究起始阶段

……

2. 研究运行阶段

按照"寻找项目选题—设计驱动问题—规划项目过程—管理项目过程—评价项目成果"的过程，在小学三、四年级的英语课程中开展项目学习。

（1）寻找项目选题，设计驱动问题。……

（2）规划项目实施，管理项目进程。

依据小学牛津英语课程特性，我们主要采用主题式项目实施方式，即每个学生要搜集与项目主题相关的素材，然后对资料进行分析、整理、综合，形成一个最终的产品。目前，我们尝试过的产品形式有海报、小册子以及电子演示文稿。主题式项目学习是本课题最主要的项目学习实施形式。

主题式项目学习包括三个层次的活动：第一个层次——搜集信息的活动。在第一个层次的活动中，学生先通过给定文本（课文或基于课文的再构文本）搜集信息材料（根据不同的项目主题，可以在网上搜索信息，可以在书本材料中搜集信息，也可以在家中搜集相关图片、视频的信息等）。就批判性思维技能的培养来说，第一层次的活动是为培养学生的"解释"这项思维技能而准备的相应素材。第二个层次——分析信息的活动。在这一层次的活动中，学生要将第一层次中搜集到的材料进行分类。分类活动培养的是学生的"解释"思维技能。第三个层次——运用信息的活动。在这一层次的活动中，学生对他人和自己的作品进行评估，在评估的基础上，他们还将对自己的作品进行评价与修正。运用信息的活动培养的是学生"自我校准"的思维技能。

（3）项目成果的评价。评价采用问卷验证、项目日志及作品档案袋的形式进行。

问卷验证。依据研究计划，我们在美国哥伦比亚大学研究生邢丹丹设计的测量学生创造性和发散性思维工具的基础上，根据本研究的测量重点进行了相应调整，将访谈改为问卷形式。

项目日志及作品档案袋。在本研究中，我们还采用了项目日志和作品档案袋的方式，收集每位学生在不同项目中的作品，同时让学生写项目日志，以获取学生批判性思维技能发展情况的其他证据。

从教师研究的实例来看，设计研究过程分为三部分，这并不难。几乎没有一个教师不会模仿三部分的设计方法，难就难在从笼统、模糊到清晰的思考过程。

这一点杨婷的设计值得借鉴学习。这个课题设计的研究运行步骤清晰可见，容易实施。研究者非常清楚每个阶段要做什么、怎样做、怎样检验。

[一点建议]

课题设计有章可循，是设计书上标明的几个部分。各种设计书大同小异，但是万变不离其宗，遵循"问题与假设""方法与证据""结论与讨论"的顺序，就不会有偏差。

结合各种版本，我把"方法与过程""资料与证据"结合起来，变成"方法与证据"，主要是强调运用合适的方法、方法与研究内容相匹配及寻找证据证明假设是否成立。

课题设计需要做一系列的准备。不断设问与解答的过程有助于在头脑中构建一张"思维导图"，对课题涉及的问题有自己的认识，能够把观点串联成一个有机整体，并用简洁的话语表达得一清二楚。撰写一篇论文也是一种方法，由此可以看到思维的轨迹，把思考"显性化"。

　　教师做研究需要把抽象的原理、认识转化为可操作、有抓手的步骤。好的课题设计有一条主线贯穿其中，让内在的逻辑关系清晰明了。这些工作对课题研究的顺利进行具有举足轻重的意义。

教师学做课题研究的意义

💡 [问题呈现]

与熟悉的教师聊天,聊到教育科研的话题,有人质疑,教师难道一定要学做课题研究吗?可见,对是否需要做课题研究,教师之间还存在不同看法。

不做研究的教师照样可以教书,成为不错的教师。善于做课题研究的教师是否有特别的地方,这是一个需要论证的命题。

📖 [案例析评]

一、"不做课题照样精彩"的辨析

在没有教育科研这一说法的年代,好教师可谓人才辈出。我的前辈和朋友圈里就有这样的榜样。我曾经在一篇文章中说道:"不做课题照样精彩。"由此反问自己,学做课题研究的意义是什么?

两年前,我请一位退休的数学特级教师傅老师给我的工作室学员讲自己做教学研究的故事,他讲课的题目是"求索奋进,无悔人生——浅谈教学研究与教师成长"。学员听得很投入。傅老师虽然没有做过一个被批准立项的课题,然而他的教学成绩斐然。

教师如何做研究？傅老师的答案是：每一节课都有研究的地方，需要有发现的眼光。傅老师从教学目标的设定、教学内容的选取、教学情境的创设三个方面来分析他做研究的价值和选题。他还用例子说明教学中存在的一些弊端。比如，不明学科本质，只重应试技巧；展示课非常精彩，常态课却索然无味；课堂从一个极端走向另一个极端，"满堂灌"变成了"满堂问"。傅老师很精辟地概括了问题，用他平实的话语点醒了我们。他告诉学员，走上神圣的三尺讲台，教师要有大局观，要有敬畏感。

为了做数学教学研究，他曾经整个暑假天天在图书馆看书查资料。傅老师在数学教学上丝毫不懈怠，17年的教学生涯（他毕业以后先在高校任教，后来转入高中）从未用过相同的备课笔记。傅老师用自己的故事告诉我们，只有下苦功多学习，勤思考多总结，才能称得上好老师，成为研究型教师。

傅老师谈到课堂里的种种问题时，做了一个归纳，即教师对学科知识的本质理解不够。此话可谓一针见血。他谈到校本课程编制中的问题时，发现"加进来一点技巧"，却没有理解自编教材到底要干什么。有时甚至把国家课程中好的东西给弄没了，自己还浑然不知。他提出教师要善于反思，每个月要感受到进步，要怀有对讲台的敬畏，保持初心。他认为一节好课的关键是看"提问与理答"。傅老师的话语重心长，真诚且有针对性，是一位老教育工作者对青年教师的殷切希望。

听完傅老师的教学研究故事，我突然悟到他做的教学研究，虽然没有课题立项的批准书，没有结题的程序，但还是遵循了教育研究的基本方法和流程。

他先发现要研究的问题，比如数学的变式教学、双基教学与二期课改的关系、教育创新问题等。他到图书馆阅读、做笔记，这就是文献研究法的体现。他把通过思考形成的解决问题的方法付诸课堂实践，看看能否产生作用，看看学生的能力是否得到了提高，这就是行动研究的方法，暗合了研究的假设与验证的技术路线。最后是撰写文章发表，或在市数学教学研讨会上做发言交流，这其实就是研究成果的归纳和提炼，并且公布于众，以得到同行和专家的检验。这个过程与课题研究的程序一致。

我由傅老师的研究想到教育科研中存在的另一种现象，课题名称新颖时尚，立项、评奖样样俱全，可是深究成果，不过是从他人文章中复制、剪切、粘贴的空中楼阁式的文本成果，好看不中用。它到底解决了什么实际问题，从文本中找不出来。那些追风的课题（教育界刮什么风就做什么课题），那些新颖别致却超出研究者本身能力、条件的课题，一般都没有好的成果。虽然有"成果"，其实是把实证研究做成了一次思辨研究，思辨的东西也只是"鹦鹉学舌"，重复他人的话语。这样的研究被称为"有名无实"，一点不为过。课题承担人往往奔着课题附加的名誉利益而去，对研究的落实不放在眼中。

对比之下，傅老师的研究值得提倡。虽没有立项、评奖、成果认定，却实实在在对数学教学产生了积极影响。看来，"有实而无名"的研究，比之那些空洞的形式主义研究更有实际意义。

这样说是不是意味着我认为教师不必学做课题研究呢？不是的。

二、心智模式的改变是助力教师成长的奥秘

为什么要提倡教师做课题研究？因为它有助于教师成为研究者，通过培养骨干教师来提高教育教学质量，促进学生发展。教育研究是怎样发挥作用使教师成为研究者的，各类课题的结题报告中一般都有阐述。

这里提出一个新观点。我在《领航教师如何成长》一文中提出，参与研究的教师会改变自己的心智模式。何谓心智模式？每个人都有自己的思维定式，按照自己过去的经验和记忆，处理看到的那部分世界，然后在脑子里面构建一个自己的世界。虽然身处同一个世界，但是每个人看到的世界与做出的反应是完全不一样的。我们会过滤掉世界上的大部分信息，只看自己想看到的那部分信息，并且用自己的经验和记忆解释这些信息，构建属于自己的世界，这就是我们所说的心智模式。

下面的文章节选自我在《领航教师如何成长》中的阐述。①

领航教师的成长轨迹是什么？这是我一直思考的问题。透过表象细察领航教师心智成长的过程，或有启示。总结我参加学习共同体教改实验活动的体会，分析领航教师王晓叶、程春雨等成长的过程，再把内蒙古克什克腾旗（后文简称克旗）培训中领航教师的表现作为参照，我得出了领航教师成长的新结论。

领航教师的成长需要经历心智模式的转变。我从隐性的视角分析领航教师的发展阶段，发现了由低到高三个层级的更迭：第一层级，引发认知冲突；第二层级，转变心智模式；第三层级，成就教育信仰。

引发认知冲突不难。每一次学习共同体组织的教育峰会和大型研讨活动，参与者人数众多，教室里常常座无虚席。好多教师不仅参加活动，还撰写了心得体会。阅读这些文章，能够看到教师原有的教育教学观念受到了冲击，说它有点刻骨铭心也不为过。教师当面聆听佐藤学教授的报告，聆听陈静静博士的报告，心情非常激动。问题在于，每次活动虽然参与的人数众多，而真正能够持续行走在学习共同体教改路上的教师其实不多。引发认知冲突只是心智模式转变的前提和起点。

走过一段"心智模式转变"之路非常不易。这从完成"凤凰涅槃"的领航教师案例可见。所以，从"引发认知冲突"到"转变心智模式"再到"成就教育信仰"，人数呈现递减趋势。从"引发认知冲突"走到"成就教育信仰"的领航教师少之又少，数数也就那么几十个人。

我对经过"心智模式转变"的教师充满敬意。领航教师程春雨对我说，要他再回到原来的传授式教学状态，他是回不去了。重要的是他已经有了学习共同体教改的信仰。

教育信仰一词是克旗教研中心侯艳杰老师告诉我的，她是克旗课例研修班的班长。侯老师在参加了由我主持的克旗课例研究工作室培训活动后撰写

---

① 领航教师培养是陈静静和学习共同体研究院正在实施的教改实验举措，笔者也参与其中。

的小结中提出了"信仰"一词，我觉得非常好。这也可以看作侯老师"心智模式转变"的体现。

侯老师提到的信仰太有意义了。我一直主张教师要转变教育观念，这是根据我和教师一起开展学习共同体教改实验得到的启发。我始终坚持一个观点，认为与方法技术的习得相比，转变教师的教育观念更难。一旦观念转变了，对于方法技术的拿捏，教师自有本领在。

从侯艳杰老师的文章中我读出了更为深刻的含义，那就是比转变观念更深一层的树立信仰。没有信仰的教师照样可以教学，有了信仰就有了战胜困难的勇气、信心和力量。从开展课题研究的教学追求来看，也需要拷问自己是否有信仰作为基础。

三、课题研究助力心智模式转变的分析

课题研究就是转变心智模式的有效载体。

做课题研究需要先形成研究思路，做一个系统的规划；然后阅读相关文献，做调查研究和行动研究，搜集资料数据并据此分析研究的成果；最后撰写研究报告，得出研究结论。这个研究过程对教师的挑战性很大，也是心智模式转变的过程。只有挑战性大，才能在促进教师专业发展方面取得较大的收获。

我在《领航教师学做课题研究的理由》一文中做了以下阐述。

领航教师需要学做一个规范的课题研究，有这份经历与没有这份经历是不一样的。这不仅是学习共同体研究院开展教育部重点课题"基于深度学习的教育生态变革"的需要，也是领航教师体验研究之路的艰深与通达，从而在心智模式上得以优化的需要。

所谓规范的课题研究，指的是与"泛化"研究有明显区别的课题研究。现在对教育研究的重视前所未有，教育行政部门的各个下属单位都有自己系统内的课题研究，通过下发文件、组织立项、评比表彰等措施推进。教育研

究可谓遍地开花。然而，这种状态难免"鱼龙混杂""泥沙俱下"，大量的研究只是"泛化"研究，与规范的研究还有一定的距离。

倡导领航教师学做课题研究，当然是指遵循学界规范的研究。即便做"泛化"的研究也有好处，比不做要好，但我还是觉得学做规范的研究，更有价值。

文献研究是做任何一项课题的必要环节，文献研究可以梳理出课题的由来与当下的意义，辨析已有成果，获得理性认识。从研究的起始就尽可能地匡正研究的路径、内容和方法，可以少走弯路、少犯错误。对领航教师来说，通过文献研究建立文献意识，是学做研究的理由之一。

证据意识是学做研究的重要思想。刘良华教授把研究分为两大类：一类是哲思研究，另一类是实证研究。两类研究的不同在于哲思研究以思辨搜集证据，实证研究以调查搜集证据。实证研究的通俗表达是"拿证据来"。

教育研究正在转型中！这是从哲思研究走向实证研究的重要转型。哲思研究重思辨，实证研究讲证据。理想中的教育研究，是少量的哲思研究，加上大量的实证研究。目前的情况是，哲思研究占了重头，实证研究寥寥无几。

佐藤学教授的学习共同体研究倡导用课堂观察搜集证据做分析，就是实证研究的典范之一。通过课堂搜集证据，对课题研究颇有益处，也开拓了教育研究搜集证据的新思路。研究需要得出结论，结论需要有事实支撑。领航教师做一次完整的课题研究，学会运用调查法——课堂观察、课后访谈、问卷调查，还有实物分析来搜集证据，有助于建立证据意识，要求结论来自证据，无证据不轻易下结论。建立证据意识是倡导领航教师学做课题研究的理由之二。

学习共同体教改实验实施过程中，很多领航教师已经学会了课堂观察，也撰写了一批有质量的"课堂观察与分析"。但是，观课堂、察学生、析学习的过程，怎样对所观察到的事实证据做出有意义的解读，成了横亘在教师面前的一道坎。

刘良华教授的研究成果有助于我们开阔视野、找到方向。刘教授的《教育研究方法》封面上有一句话：走向有理论视角的实证研究。这是他的研究成果，为我们指明了方向。建立理论视角是倡导领航教师学做课题研究的理由之三。

做规范的课题研究除了增进领航教师的文献意识、证据意识和理论视角以外，还有助于增强领航教师的问题意识（问题是研究的逻辑起点）、方法意识（研究是讲究方法的）和写作能力（写作促进思维发展）。

促进教育生态变革的关键在"变"，"变"的前提是"通"。

华东师范大学教授、历史学家王家范先生在《风骨意境遗后世——恭读旭麓师〈浮想录〉》中的史识史学理论迁移到教育学，道理是相通的。[1]比如文章指出：从"变"的意义上，历史是古老的，又永远是新陈代谢的。我觉得把历史两字换成教育，也在理，教育是古老的，又永远是新陈代谢的。文中还说：治史的理想境界是能入乎其内，出乎其外，从地平线引向地平线以外，获得一种对历史、对人生、对世界的通感。我觉得换成教育则是：教育生态变革的理想境界是能入乎其内，出乎其外，从地平线引向地平线以外，获得一种对教育的通感。他还感慨，"布新难，除旧更难"，因为惰性和习惯势力的影响，除旧比布新更麻烦。我觉得很有启发。

关于心智模式，我还想到两个故事。顾泠沅教授说过，他在与原教委副主任张民生先生交流时，指出一个现象，他发现做领导的喜欢总结经验，而做研究的人擅长发现问题。做研究的人善于发现问题，对问题比较敏感，因为问题是研究的逻辑起点。这就是两种不同心智模式带来的区别。

一位数学教师专长于在初中开展数学思想方法的拓展课教学，也颇有成绩，与我交谈时津津乐道于学生在数学竞赛上获奖。我对他说，获奖固然可喜，但是，下一次又有学生参加竞赛，如果没有获奖，你怎么评判对学生进行数学思想方法的拓展性教学？我又说，即使没有学生获奖，一样应该受到

---

[1] 王家范.风骨意境遗后世——恭读旭麓师《浮想录》[J].华东师范大学学报（哲学社会科学版），2018（6）.

肯定。因为受到数学思想方法历练的学生，对数学的理解会比较通透，此能力可以受用终身。没有得到数学思想方法熏陶的学生可能只会刷题，那显然是浅表学习。认识不同，是源于两种不同的心智模式。

[一点建议]

有独立思考和深刻见解的教师才堪称"明师"，即明明白白做教师的人。学做研究的过程是一个先厚积后薄发的过程，一个细水长流的缓慢过程。慢工出细活，需要恒心和毅力支撑。凡是半途而废的人，很难体验到其中的乐趣。学做研究需要修炼文字功底，写作是必过的一关。

众多事实证明，做过课题研究的教师会有不一般的经历、学识，他们的思维方法能力、思想认识与没有做过研究的教师不一样。

要学点教育史、教育哲学和形式逻辑

[问题呈现]

教育已经成为一个社会问题,什么人都可以对它指手画脚、说三道四。这是不对的。信息时代资讯十分发达,教师在面对各种观点、说法、口号时,需要有理智和定力,方能不做墙头草随风倒。有道是,根基不牢,地动山摇。那么,教师的魂魄与根基在什么地方呢?

在教师专业成长的根基上,还要有教育史知识、教育哲学知识和形式逻辑知识。有了这些知识,方能在变幻莫测、真真假假的浩瀚资讯中,有一点定力。这定力与教师是不是一个有独立判断力的思想者有关。

吴非老师指出:教师要成为思想者。要引领学生成为精神上的人,首先教师自己要成为真正精神上的人。不管什么学科的教师,不管在什么学段教书育人,成为学生心中的好教师是永恒的命题。好教师一定有自己独到的思想,有个人化的教育理论。学习教育史、教育哲学和形式逻辑与教师成为思想者有着非常密切的关系。

[案例析评]

一、要学点教育史

吕型伟先生被联合国教科文组织授予亚太地区普教专家称号。他经历了

70多年的教育变革，从小学校长做到上海市教育局副局长。

2003年5月15日下午，他应上海市教科院教师继续教育中心的邀请，与科研人员座谈，讲"要学点教育史，不要轻言教育创新"。之后整理成文章《要学点教育史——关于教育创新的一次谈话》。以下是文章节选。[①]

我一直在思考，到底什么叫创新？近年来在改革与发展的大潮中形式主义与浮躁的现象相当严重，我称之为浮肿病与多动症。口号不断翻新、模式层出不穷，仔细去检查一下，除了向你展现那一点形象工程以外，大都是文字游戏，其实一切照旧。

教育这个社会现象已有数千年历史，在探索教育规律这条道路上前人已做了大量工作，进行过无数次实验，提出过许多教育理念、理论，成功的、失败的，可以说是不计其数。如果你一点都不知道，怎么可以自吹是创了新理论、新模式呢？

爱因斯坦之所以取得成就，是因为他站在巨人的肩膀上。教育也应当是这样。你一不知道有巨人的存在，二不知道巨人的肩膀在哪里，却自称已达到历史的高度，岂不要让行家笑话？

前不久我向顾泠沅同志建议，教育部"十一五"重点课题《面向未来的基础学校研究》课题组的同志要学习一点教育史，主要是教育思想史，特别是有代表性的人物及其代表作。太早的暂且不管……至少对近代以来的教育家要有点认识。

比如：16、17世纪，捷克出了一个伟大的教育家夸美纽斯，他的著作《大教学论》可以说是奠定了近代教育理论的基础。之后，英国的洛克在1693年出版的《教育漫话》、法国的卢梭在1762年出版的《爱弥尔》，都是有鲜明的教育新理念、在教育史上有很大影响的教育论著，其中不少观点在今天仍有其生命力。德国的赫尔巴特（1774—1841年），他的代表作有《普通教育学》《关于心理学应用于教育学的几封信》等。到后来美国的桑代克

---

① 吕型伟.要学点教育史——关于教育创新的一次谈话［J］.教育发展研究，2003（7）.

（实验教育学）被称为美国教育心理学之父，主要著作有《教育心理学》等。

到19世纪末20世纪初，在美国出现了一个非常重要、影响极大的教育流派，即实用主义教育思想，创始人就是杜威。他对传统教育的理论与实践发起了批判，提出儿童中心的理论……他还提出了"教育即生长""教育即生活""学校即社会"和"做中学"等一系列与欧洲传统教育完全不同的新理念。

一定要在传承的基础上谈创新。西方教育也在改革，但不能简单照搬。一句话，要站在巨人的肩膀上，就得知道巨人是谁，他的肩膀在哪里？

前不久，读到袁振国教授的文章《教育规律与教育规律研究》，阐述了自古代以来中外思想家、哲学家、教育家对规律和教育规律的探索，论述了各种流派的主要学说，得出的结论是——对教育规律的认识是不断深化的过程。教育规律认识的每一次深化，都是思想与实证互动、实证研究方法取得新突破的结果。①

袁教授目前正在致力于实证研究的推广。

二、要学点教育哲学

我们已经认识到教师开展教育研究的重要性，也认识到开展教育研究需要把握方法。在教育研究基本方法之上，其实还需要认识到哲学研究方法对教育研究的指导作用。

刘良华教授的《教育哲学》谈到哲学研究的三种方法：从思辨技巧来看，哲学研究的基本方法有三，即分类别、找关系、做比较；从论证的方式来看，哲学研究的逻辑技术有三，即演绎法、归纳法和类比法；从语言表述规则来看，哲学研究追求价值中立的无立场描述与零修辞写作。②

他在这本书中指出：

---

① 袁振国.教育规律与教育规律研究[J].华东师范大学学报（教育科学版），2020（9）.
② 刘良华.教育哲学[M].上海：华东师范大学出版社，2017.

分类是哲学研究的主要论证方法。分类的基本原则是"相互独立，完全穷尽"，就是"不重复，不遗漏"。分类往往伴随着找关系和做比较，或者说，以分类别为主，以找关系和做比较为辅。

找关系其实就是在分类之后，寻找各个类型之间的逻辑关系。做比较是分类之后寻找各个类型的异同。分类别、做比较、找关系是"三位一体"的不同侧面，而并非三种独立的论证方法。也因此，哲学研究的标题既可能显示为"……的类型"（分类研究），也可能呈现为"从……到……"或"…对……的影响"（关系研究），还可能直接显示为"……与……的比较"（比较研究）。

……

分类及其"相互独立，完全穷尽"（不重复，不遗漏）的原则既是哲学论证的基本方法，也是其他所有研究比如实证研究或实践研究的基本前提。在所有学科之中，数学（尤其是几何学）的分类原则最强。比如，三角形分为等腰三角形、等边三角形和非等边三角形；三角形的角分为直角、锐角和钝角；数分为有理数和无理数；等等。哲学研究的分类原则虽不如数学的分类原则严格，但逼近数学的分类原则。实证研究中的概念及其分类往往不如哲学研究的分类原则严格，但是若出现比较严重的"重复"和"遗漏"问题，则说明该研究者缺乏基本的学术训练。

与哲学研究和实证研究相比，实践研究的分类原则最差。但是，这并不意味着实践研究可以不追求"相互独立，完全穷尽"（不重复，不遗漏）的分类原则。实践研究中的概念与概念之间的关系在多大程度上遵循或接近"相互独立，完全穷尽"（不重复，不遗漏）分类原则，显示出实践研究者的学术素养。也就是说，是否有分类意识以及分类时在多大程度上坚持了"相互独立，完全穷尽"（不重复，不遗漏）的分类原则，这是判断一个初学者是否"学术入门"的基本标准。

教师如果有了分类、比较和找关系的意识，可以使教育研究的水平有跨越式的提高。

三、要学点形式逻辑

1. 认识形式逻辑的三大规律

许锡良教授写过一篇文章《回到形式逻辑》。他说,他在大学里曾经教过两年的形式逻辑课程,当初感觉因为偏离自己的专业,有点不务正业的味道。现在看来,这两年的教学经历,使他对形式逻辑有了更为深切的理解,在写文章、说话时格外注意,自己的思维是否过得了逻辑关,也感觉这种逻辑是做学术研究工作的迫切需要。没有逻辑思维做基础的论述必然是混乱的。

应该承认,一切理论必须要过逻辑关,虽然过了逻辑关的未必就是正确的,但是过不了逻辑关的肯定是错误的。什么东西先在大脑里用概念分析及逻辑推理去衡量一下是很有必要的。我现在感觉到我们的教育在思维上存在的一个严重问题就是缺乏逻辑常识。

金岳霖先生的《形式逻辑》堪称经典。书中说道:形式逻辑是研究人的思维规律的学说,狭义指演绎逻辑,广义还包括归纳逻辑。形式逻辑的思维规律也是思维形式和思维内容的统一。

形式逻辑有三大规律,即同一律、矛盾律、排中律。形式逻辑的基本规律是客观事物某些最普遍的性质的反映。掌握了形式逻辑的知识,可以帮助我们正确地进行思维和表达思想。

2. 一篇商榷文章带来的启示

读到一篇署名"一半痴"的网络文章《一则短短的开篇致辞,竟然有20多处错误!》,它是针对高中语文课本"致同学们"的导读文章的批注式商榷。

作者"一半痴"说:儿子读高中。我拿起他的语文教科书,随手一翻,发现错漏百出,惨不忍睹。这哪是教人学好的,完全就是糟蹋语言文字嘛。……这篇文章不长,全文含标点在内 1000 字左右,却至少有 27 个地方疑似有点问题。这些问题，有的是语法错误，有的是词法错误，有的是知识性错误，有的是表达得不那么流畅、得体，总之，值得商榷。

比如"致同学们"中说："阅读鉴赏"是这套教科书的主体。阅读的课文，以名家名篇为主，也有反映当今时代特色的作品。课文分单元编排，单元的组成兼顾文体和人文内涵。作者"一半痴"的商榷是："也有反映当今时代特色的作品"与前文表达矛盾。前文中的"名家名篇"，不是必然不能"反映当今时代特色"。比如《别了，司徒雷登》一文，既是名家名篇，又反映当今时代特色。作者想要表达的应该是"以名家名篇为主，也有反映当今时代特色的普通作品"，总之，不能把"名家名篇"和"反映当今时代特色的作品"对立起来。还有"人文内涵"表意不清。"单元的组成兼顾文体和人文内涵"，作者想要表达的是："我们对每一单元文章的构成选择，兼顾体裁和内容"，但他却用了"人文内涵"这个非常含混的表达，并以之与"文体"二字并列，不当。

又如"致同学们"中说："梳理探究"共有15个专题，每册安排3个专题。这些专题，有的侧重对以前所学的语言、文学、文化等方面的知识进行梳理和整合；有的则通过自主思考或合作研讨，培养探究能力。这些专题，你们可以根据自己的兴趣、爱好和特长有选择地学习研讨。"一半痴"的商榷是："专题"多了。"'梳理探究'共有15个专题，每册安排3个"就可以了，删掉"3个"之后的"专题"二字。"语言、文学、文化"无法并列。"对以前所学的语言、文学、文化等方面的知识进行梳理和整合"一句中，至少文化包含了文学，"语言、文学、文化"三者，不应当并列表达。

"致同学们"中说：同学们，愿这套教科书能帮助你们进一步提高语文素养和语文能力……商榷是："语文素养和语文能力"是什么？即便有"语文能力"这个说法的话，那么"语文素养"肯定也涵盖了语文能力，二者不能并列使用。

"致同学们"中说："名著导读"共选10部中外名著，每册安排2部。导读内容包括"背景介绍""作品导读"和"思考与探究"3个部分。希望能以此激发你们的阅读兴趣，培养良好的阅读习惯，提高思考能力与欣赏水平。商榷是："提高思考能力"可删。教科书通过"名著导读"，"希望能以此激发你们的阅读兴趣，培养良好的阅读习惯"，这是对的；"提高欣赏水平"也是对的；但是在中间再夹带一个"提高思考能力"，便不知从何说起了。从形式逻辑来剖析，从本册语文教科书的名著导读是推不出"提高思考能力"的。类似的问题还有。

"致同学们"中说：愿这套教科书能帮助你们……形成良好的思想道德素质和科学文化素质。商榷是：这就走远了，别忘了，咱们是语文教科书，培养的目标是对语言文字的准确理解和灵活运用。至于思想道德和科学文化，那只能是"旁及"，不能居于层次递进中的末端。

学点教育史、教育哲学和形式逻辑具有重要意义。

学一点教育史，使人有历史眼光而变得深邃。回看教育史，每一次的变革都是对教育规律的探索。变革不都是一帆风顺的。伴随变革的是守旧者的反对声。但是，变革又总会发生。最先拥抱变革的人总是少数。只有先知先觉的敏感者，才会感觉到时代脉搏的跳动，张开双臂拥抱变革，走向未来。变革又是缓慢的，着急是没有用的，需要有等待的耐心与持之以恒的耐力。

学一点哲学，使人有富于哲理的思考。教改实验是一场以研究为特征的变革。研究讲究方法，如果说教改实验方法是下位方法，那么哲学研究的就是上位方法。在学理归纳和提炼上需要哲学观照。

学一点形式逻辑，使人有逻辑素养。人的思维是否合乎认识规律，需要形式逻辑的知识打底。没有形式逻辑知识的基础，往往会犯逻辑错误。

[一点建议]

尊重生命是教育至高无上且永恒的命题。在阐述教师要学一点教育史、教育哲学和形式逻辑的时候，我在想有没有贯通上述三者的精神实质？如果有，是什么？2020年，一场抗击新冠肺炎疫情的"战争"体现出人民至上、生命至上的理念。以此观照教育，给我们的启示是，教育的发展蕴含着对生命的成全。生命的成全首先需要尊重生命。

何谓尊重生命？一是尊重生命的客观性。每一个学生来到世间，他无法选择父母和家庭。家庭的不同，造就了学习条件的不同。但是，这并不能阻挡所有学生和家庭对优质教育的追求。二是尊重生命的多样性。每一个学生的生命呈现出不同的样态和性格，不管是富裕还是贫穷带来的生命多样性，我们都需要以敬畏之心予以尊重。三是尊重生命的发展性。在优质教育供给还不能满足人民群众需求的时候，诸多教改实验以课堂变革的实践研究为那些教育资源尚有欠缺的地区和学校展现了一幅美丽图卷，即使现在还处在落后的状态，也可以营造有趣味的教育、有安全感的教育、学生向往的教育、本真的教育，从而使教师和学生的生命力得到彰显，获得幸福感。

教师要学做文献研究吗

[问题呈现]

有必要澄清对文献研究的误识。误识之一是对文献研究的理解有局限。我在指导学员做课题研究时，常为文献研究所困。我曾经走进学校给教师做专题讲座，讲述何谓文献研究，何谓文献综述。但是后来教师们在为自己的课题搜集文献、做文献综述时还是感到困难。误识之二是对文献研究的重要性认识不足。有教师对我说，能够把行动研究做下来就好，何必要费那个神呢？

为了澄清教师是否需要学做文献研究这个问题，我组织学员开展了一次网上研讨，讨论题是教师的研究要不要做文献述评，教师怎样做文献研究？

[案例析评]

一、专家对做文献研究的几个观点举例

1. 教师不需要做文献研究或者简单做就可

在组织讨论前，我搜集相关论述，作为前置学习"热身"。在关于教师是否需要学做文献研究的讨论题下，我摘录了陈向明教授《怎样用质的研究

方法来做课题》中的一段话。①

如果是一个学术研究，我们要做的第二步通常叫作文献述评。如果是老师们自己做行动研究，我个人认为是不需要做或者简单做一下就可以了，为什么呢？因为做学术研究我们要求学生一定要有创新，所谓创新就是前人没有做过的新的结论，或者对别人的结论有一个反驳，或者别人的结论做出来方法不对，或者有什么缺陷，你填补了什么空白。但我们一线教师，因为做的是行动研究，研究的主要目的是为了改进工作。我阅读前人的文献，是帮助我更好地理解我要研究的现象，并不完全要在做完研究后在理论上有创新。所以通常我们对一线教师在文献上的要求是比较少的。

陈向明教授的观点是教师可以简单地做文献研究，不必像专业人员一样，穷尽文献以后做研究。与此相反的另一种观点则认为，教师做研究也需要做文献研究，而且有人统计出文献研究的工作量要占到总工作量的一半以上。

2. 教师生活在文献中，无法离开文献做研究

陈大伟教授撰写了文章参与研讨，他的观点是：教师生活在文献中，无法离开文献做研究。② 具体内容如下。

要讨论这个问题，首先应该对什么是文献有一个界定的基础，然后是要思考文献研究对教师做的研究是否必要、有什么意义。

对于什么是文献，一般来说，文献是指记录知识的一切载体。从文献的载体形态分，它包括：以纸为媒介，用文字（包括各种专用的符号和代码）表达内容，通过铅印、油印、胶印等方式记录、保存信息的文字型文献；以

---

① 引文是陈向明教授在上海市静安区做"质的研究方法"培训时的讲课摘录，内部交流。
② 引文摘自陈大伟教授的研讨交流文章《我对文献研究的研究》，未公开发表。

声频、视频等为媒介记录、保存、传递信息的音像型文献；以磁盘、光盘为媒介的机读型文献。现在，信息技术越来越发达，互联网上的信息和知识已经成为研究文献的一个重要来源。我发现，现在大多数人只把书刊看成文献。

对于这个概念，有一个问题让我很疑惑，"记录知识"是不是只是指"正确的知识"？如果是正确的知识，如何保证正确？谁来保证正确？难道它就不发展，成了绝对的真理？基于这样的批判，我有时把学生的作业也看成研究的文献。

从这样一种更为广泛的意义上说，我们就生活在文献中，无法做离开文献的研究。

文献研究对实践研究的作用。从相对严格以文章典籍为对象的文献研究看，教师做研究也是需要研究文献的。所有的研究总需要基础，总不会是完全的另起炉灶。文献提供了这样的基础，文献研究就是利用这样的基础。

应该说一线教师的文献研究目的大多不在文献，而在实践。

从面向实践的角度看，我以为文献研究主要有三个方面的作用：第一，在文献研究中可以发现新的研究问题，获得新的启迪，产生新的研究视点和研究方向。第二，利用前人的文献，可以使研究更加充实，更加具有理性和权威性，从而也就更加具有说服力，所谓"他山之石，可以攻玉"，同时也可以使研究少走弯路，减少盲目性。第三，帮助调节现有研究行动。

就我自己的研究体会，面向实践的研究至少需要两次文献研究作为基础。一是在形成新的实践方案之前，要进行必要的文献研究，因为方案要投入实践，要面对学生，这样的方案一定要经过比较和论证，这是一种对学生负责的基本要求，所谓"务实之前必先务虚"。二是在概括实验成果、形成研究报告时，要进行一次文献研究。这时的文献研究具有查新的性质，是衡量和比较研究价值、对我们在实践中可能获得的直觉和经验进行理论观察和诠释的过程，也可以让我们判断成果能否发表。就参与研究的教师而言，我们可以把这看成参与研究的两次理论提升过程。

文献如何研究？阅读文献不等于文献研究。阅读文献可能就是随便翻翻，走马观花。文献研究是指根据一定的目的，通过搜集和分析文献资料而进行的研究。文献研究的整个过程总是具有很强的目的性，在搜集文献时具有明确的指向性，在阅读和利用相关文献时具有研究加工性。

3. 文献研究是个技术活，需要学习

上海市浦东教育发展研究院的副教授王丽琴博士就这个话题撰写了文章参加研讨。①

当我还是一名中师生时，当然不知道什么叫文献述评，更不知道教师需要做什么文献研究。如果后来不是有机会被保送上大学，且恰好读的是教育系（主要学习教育学、心理学、教育科研方法等），我肯定也跟大多数小学语文教师一样，主要是在课堂教学、班主任工作方面写一些经验性、行动性的文章。

很多老师一听说文献研究，以为就是找公开发表的论文、专著来评析、借鉴，当然，那是文献中比较正式、权威的一种，绕不过去。其实，文献是相当宽泛的，学生的作业、老师的批语、学校的校训、教材中的插图，等等，都可能成为研究的文献。我的硕士论文有三分之一的内容就是针对中小学教学实验报告做的文献内容分析。当时，我查遍能找到的1979—1999年期间的教育期刊，搜寻到275篇实验报告，一一统计其中的各种信息，发现了不少问题。比如，几乎没有一个报告承认自己的实验有失败之处；很多报告把跟实验因子不搭界的成果都算在实验成效中，一个思想品德课程的实验报告，作者把学生身高、体重的增长也当作因变量来自我夸耀一番，实在是令人啼笑皆非。

这种毛病，其实在专家群体中也不少见，不信去看看教育部、各省市历年来发布的各种规范性课题。如果把课题名称、关键词也作为文献

---

① 引文节选自王丽琴博士的文章《假如回到从前》，内部交流。

来做一番内容分析，或者跟民国时期的教师做的研究名称相比照，你会发现，太多的相似和大同小异，甚至是"远不如从前""回不去从前"。在搜集中小学实验报告时，我看到过民国时期一位小学语文教师做的实验，题目相当吸引人（记不真切了），是关于课本文字到底是横排还是竖排才更有利于小学生的语文学习。20世纪80年代初期，我也看到过一个类似的小课题实验，专门研究低年级学生用自动铅笔和木质铅笔写字，哪样效果更好。这些前人的研究，给了我很多启发，让我明白，教育教学实验大概主要是在这些非常具体的、细微的变量上有实施的意义和成功的可能，而那些大箩筐似的"教育综合实验"则每每最后混同于"教育改革"。

教师的研究，一定也离不开文献，只是文献的占有量和述评能力，可能受自己的视野和精力之限制。但一定不要畏惧和绕开这个最能体现研究的基本功的修炼，可以慢慢来，一点点积累，或者仅就自己最喜欢的一个话题"深挖洞"。

4. 文献研究有助于建立理论视角

文献研究对教师来说，还有一个寻找理论依据的作用。寻找到与教育研究相关的理论，是获得理论视角的重要方法。刘良华教授在《教育研究方法》一书中提到[①]：

理论视角主要是指从某个理论框架去观看和解释研究对象。理论视角类似照射研究对象的一个光源。如果没有研究的视角，研究对象就会一团漆黑。"夜间观牛，其色皆黑。"研究对象正是通过研究视角而被看见、被理解。不见得所有的研究都需要有理论视角，但是，恰当的理论视角能够让自己的研究显得有理论思维的含量。比如，如果调查研究者从某个理论视角去展开相关的调查，那么，这样的调查研究就容易显示出它的学术性，而区别于一

---

① 刘良华.教育研究方法［M］.上海：华东师范大学出版社，2014.

般新闻记者所做的新闻调查。学术领域的调查研究既要像新闻记者和侦探那样有寻找证据的"侦查精神",又要凭借理论视角而超越一般意义上的新闻调查。

理论视角似乎接近传统意义上的"理论基础"。但是,传统意义上的"理论基础"往往会列举两个以上的理论,而"理论视角"强调研究者采用某个"学科"或"学派"作为自己的"分析框架"去分析某个具体的"问题",传统意义上的理论基础虽然也有"理论视角"的效用,但是,其缺陷在于,当研究者列举多个理论基础时,该研究往往很难真实地借助这些理论去分析自己的研究对象。当多个理论之间缺乏联系甚至彼此冲突时,研究者就更难真实地将那些理论作为自己研究的"基础",传统意义上的"理论基础"在研究报告中往往只是一些故作姿态的摆设或装腔作势的炫耀,并没有实质的意义。也因此,越来越多的研究报告放弃使用"理论基础"的说法,而直接代之以"研究的理论视角"或"研究的视角"。

二、文献研究的三种类型

为了说明问题,这里尝试对文献研究做一个分析,用三种类型加以区别:第一类是文献研究报告;第二类是文献综述;第三类是文献阅读与领悟。

1. 文献研究报告

文献研究报告是指用文献研究法研究文献,最终形成的研究报告。例如有人搜集了近20年来报纸杂志公开发表的某一主题的上百篇文章,然后做归类、分析、解读,最终形成研究结论,撰写了研究报告。

这种研究运用的方法是文献研究法,是以文献资料为研究对象的一种研究方法。它一般分为四个相互衔接、紧密结合的环节和实施步骤,即确定研究问题并拟订研究计划、收集和评价文献资料、综合分析文献内容和形成结论。

2. 文献综述

文献综述是指针对自己的研究选题，搜集相关文献资料，形成资料汇编，而后撰写成文的分析与评论文章。本书后面列举的"数学符号语言理解能力文献综述"（节选）就是一个实例。文献综述的最后部分有结论性的文字，但是这些结论只是课题研究的假设，还需要通过研究证实。

撰写一篇文献综述不是一件容易的事，对教师的挑战性比较大。目前各级管理部门对课题申报设计书有明确规定，这是保证课题前期设计质量的举措。如果教师准备申请一个课题，就必须学着做文献综述。

文献综述的前提是文献查阅。查阅文献是研究前期的工作之一。这是一项不可或缺的细致的工作。当今社会信息量越来越大，网络为我们提供了除期刊、报纸外又一查阅文献的途径。当教师确立了自己的研究课题后，前人的研究是基础。比照他人的研究，可以使自己的研究课题趋于完善：（1）更具体地限制和确定研究课题的假设；（2）更恰当地选择研究思路及方法；（3）预见到研究中可能出现的困难；（4）把握研究可能出现的差错；（5）为解释研究结果提供背景材料。

有些研究，查阅文献主要是在研究过程的前期进行，有些研究查阅文献与研究过程相伴始终。由于教育研究文献的各种报告在其质量及综合性方面有很大的差别，因此研究者在阅读报告时，应带有某种程度的批判性。

3. 文献阅读与领悟

文献阅读是指教师不以文献综述和研究报告为目的的阅读，它比较宽泛，要求也比较低，所有的教师都可以尝试。

文献阅读也不是一般意义上的阅读，隐含着一定的目的，比如提高理论修养和转变心智模式。

笔者尝试对教师的文献阅读进行分类，分为摘录法、批注法和写作法。

摘录法是一种以客观记录文献观点、方法为主的阅读方法。20 世纪 70 年代末，我国恢复了高考，我有幸考入华东师范大学历史系读书。在大学读书时，我常常进入图书馆阅读经典、查阅资料、做资料卡片，尝试着学做专题研究。1982年初，我大学毕业后被分配到中学教书，做资料卡片的习惯也带入了教学。这种颇费时间的阅读方法，虽然效率不高，但打下了一点做文献阅读的基础，对我撰写经验总结论文起到辅助作用。

批注法是一种以批注解析文献的阅读方法。批注式阅读曾经是学者常用的阅读方法，在纸质书籍和文章页面插入批注是常见的阅读方法。

写作法是一种以撰写读后感作为学习领悟的阅读方法。这种方法比较常见。学校组织教师假期读书，布置一份作业即撰写读后感一篇，目的是检验教师阅读的效果，也据此提高教师的领悟能力。读后感还可以分享交流，产生"1+1>2"的作用。

三、教师可以有选择地做文献研究

综合专家的观点，结合教师的实际，我在《教师做研究的四对关系辨析》一文中提出教师可以有选择地做文献研究。

专家对文献的研究需要做到系统性，因为他的研究课题往往出自对文献的聚焦分析。所以，如果没有对文献进行系统性的占有，很可能不会发现这项研究已经有前人做过，结论已经有前人论述过，这样会落下话柄甚至贻笑大方。

教师做研究基于自己的教育情境，研究的问题来自教育实际。是否做过系统性的文献检索，不是对问题聚焦与剖析的必要前提。笔者对那些优秀教师的调查研究显示，也有不做研究照样精彩的例子存在。这样的优秀教师甚至没有做过课题，与课题研究相关的文献检索他从来没有系统地做过。然而，这些教师照样不失为有实践智慧的好教师。他的创新是实践创新。

专家对教师做研究是否需要做充分的文献研究也持不同的观点。我无意否定有文献研究的积淀对研究水平的提高有正相关关系。

[一点建议]

回到"教师要学做文献研究吗"这个话题，我的观点是教师也要做文献研究，与专家做文献研究的区别在于教师可以有选择地做文献研究。

如果教师学做文献综述与文献研究报告，是需要向系统性靠拢的；如果是一般意义的行动研究，则可以有选择性地做文献研究，相对"自由"。

教师做行动研究可以有选择地寻找最近的、经典的 20 多篇文献，做一篇"不全面"的文献综述，也不错了。对新手教师来说，这个要求已经很高了。如果只是阅读而没有撰写文献综述，也是可以接受和理解的。

随着研究能力的提高，教师的视野慢慢放宽，找到的文献数量增加，试着撰写文献综述，也是顺理成章的。如果寻找到某一主题做"专业"的文献研究，完成一篇高质量的文献研究报告，对少数教师来说也是可以追求的目标。

如何做文献阅读与文献综述

[问题呈现]

为了帮助教师学会做文献阅读与文献综述，下面举例说明。提供的样例只是参考。

[案例析评]

一、文献阅读案例

我撰写的《构建深度学习的课堂——对初中数学课例"函数的初步认识"的分析》一文在《当代教育家》登载，而后发给内蒙古克什克腾旗课例研究研修班教师阅读。李娜娜老师阅读后做了批注，内容涉及深度学习的理念与操作。她从阅读中得到启发，并把得到的启发用批注加以揭示，对自己、对合作研究的伙伴都是有意义的思想交流。

从文献研究的角度看，这篇批注兼具文献阅读的摘录法、批注法和写作法。她以圈画代替摘录，道理是相通的。

1. 李娜娜："构建深度学习的课堂"一文的阅读批注

再次阅读黄老师发给我的《构建深度学习的课堂——对初中数学课例

"函数的初步认识"的分析》，我感想颇多。一边阅读，一边圈画，并尝试着把有感而发的内容写下来。

圈画：大型公开课事先准备都很充分，往往存在一段时间等待上课。这个特殊时间段处理不当就可能变成"煎熬"。王晓叶的巧妙之处在于把等待变成学习。

（批注：黄老师在此一提，虽说是对王晓叶老师课前等待时处理方法的一个肯定，但也给教师带来启示。很多时候，我们面对过这样的"煎熬"，或者目睹过别人的"煎熬"。这一细节教师在观课中很难觉察，被黄老师这样提出来，我想会解决很多教师的实际问题。下文中，黄老师对于王晓叶老师这一教学行为的剖析是"眼中有学生，心中有学习"，这几个字看似简单，但分量很重，这不仅仅用于课前等待，而是一切好的教学行为的前提和基础。）

有太多的烦恼和纠结，行动会受到阻碍。

圈画：王晓叶没有烦琐的导入设计，更没有因为是公开课而生出烦恼、纠结。直奔学习而去，自然妥帖。

（批注：黄老师在此对王晓叶老师教学情境设计的深度剖析使我心中一动，万分惭愧。想我自己，不管是公开课还是与同伴的分享交流，抑或是进行教学写作的尝试，都有太多的烦恼和纠结，以至于行动受到极大阻碍。黄老师对晓叶老师的这一评价，令我明白自己纠结于无用的东西太多。）

不一样的观察与分析。

圈画：黑箱解密是一个颇有挑战性的学习任务。学生需要运用先备知识解决。王晓叶老师充分运用了"逆向设计"的方法，学习目标设计为"C"，可以在学习过程中完成学习任务"A""B"。"A""B"的学习在探索"C"的学习过程予以解决，事半功倍。作为观察员，我发现学生时而思考，时而交流，静静地思考，小声地言说，倾听在协同学习中发生。慢慢地，奥秘的破解变得清晰。

（批注：对教师教学设计和学生课堂表现的简单概括，使我看到了不一样的课堂观察表述，给我那种只会长篇大论进行课堂实录式的记录，抓不住重点的观察和叙述，带来了很大启发。）

方法比结果重要。

圈画：在全班学生交流中，王晓叶不拘泥于正确答案的显示，在得到一个正确答案后，还屡屡寻找不同的解决思路与过程，寻找多种方法。"某某同学，你有什么不同的解题方法，说说看？"王晓叶带领学生破解奥秘（解题）的过程，不紧不慢，舍得花时间、精力，在学科本质和核心素养上下功夫。王晓叶老师始终面带微笑，安静、安心、安全的教学氛围在教师的言传身教中得以营造。安心才能进入深思，学生置身这样的氛围中身心得到放松，有力地支持学生朝着深度学习进发。

（批注：王晓叶老师的这种教学方式和所营造的课堂氛围，需要我们去不断学习和实践，也许当我们做到这一点的时候，我们的课堂才能更加丰富、生动、深刻。）

为何要拓展？

圈画：以往常常看到教师在新课的"拓展"部分使用比较多的题目，然而仔细分析拓展题的价值，只是在横向拓展，反复操练。不是说拓展练习不好，而是说挑选拓展题考验的是执教者的智慧，是教师是否有慧眼识宝的眼力。以往的教学，少了冲刺挑战性的意识，同一层次的题目做了好多，也很难有思维能力上的提升、学习方法上的拓展和加深。

（批注：在此，黄老师再次借王晓叶老师的课，给我们在设置冲刺挑战性问题时做了一个方法上的指导。我们的"拓展"也好，挑战性问题的设置也好，不能为了凑数，横向拓展，反复操练。要有梯度，设置上要有冲刺挑战性意识，对学生要有思维能力上的提升和学习方法上的拓展与加深。）

挑战性学习利于激发学习热情。

圈画："计算硬币数量"学习任务的设计很有意义，挑战性不亚于前一项学习任务。学生的学习热情再次被激发。

（批注：我认为学习任务中创设的问题情境也非常贴合生活实际，能够激发学生参与学习的热情。我作为一个数学的门外汉,都觉得饶有兴趣,让孩子将已学知识运用于实践,真的很有趣,从另一层意义上充满挑战。)

圈画:用水作为工具材料、用秤作为工具(称硬币重量)和用尺作为工具(量硬币厚度),解决硬币数量清点问题,堪称创造性地解决生活中的实际问题的范例。与生活、与探究、与同伴的融合,已经跃然观察员面前,而且是顺理成章、天衣无缝。给我们观察员教师的震撼在于,这样的教学设计一点都不难,每一个数学教师都可以做到。

(批注:当我读到这里的时候,被晓叶老师智慧的课堂所吸引,被黄老师那种层层剖析、精彩论述所打动,早已忘记了黄老师在课例分析之初所提出的课例研究的假设。读到此处,忽然觉醒。对啊,假设是要验证的,眼前的精彩一幕,不正是这一假设成立的有力证据吗?突然想到以前看过的一篇文章《土拨鼠哪儿去了》,我们的课例分析常常就如我的思维一样,走着走着就偏离了原来的航向,目标不明了。黄老师的文章是我们进行课例分析写作的一个典范,值得铭记。)

课例研究需要下结论吗?

圈画:这节课的研究结论是:深度学习需要以学习方式与规则的培养作为基础,教学情境设计、过程安排需要以学生的学习为本,冲刺挑战性学习需要低起点、高冲刺,抽象概念的学习可以借助生活化学习、探究性学习、协同学习展开,巩固性练习可以回到生活化、探究性,深度学习要以培育学生高阶思维为着力点。这些结论给深度学习带来新的启示。

(批注:这样的结论和反思是不是课例分析必不可少的内容?作为专家您可以进行概括与总结,于我,还需要拥有更多理论积淀和经验积累,是否可以以反思和思考来代替概况与总结,不轻易下结论?)

2.批注式文献阅读的意义

读到李娜娜老师的批注文章,我很高兴,于是回复了她。

用批注提高学习能力

——对李娜娜阅读批注文章的回复（节选）

黄建初

李娜娜老师发来她的阅读批注，我非常高兴。李娜娜对我撰写的《构建深度学习的课堂——对初中数学课例"函数的初步认识"的分析》一文，做了很认真的批注。批注有近2000字，足以成为一篇独立文章。用圈画和批注方式阅读，是我在与克旗教师交流中第一次读到。尝试一种与撰写读后感不一样的方式读书，颇有挑战自己能力边缘的勇气，走出舒适区，经历"苦其心志、劳其筋骨"的新体验，勇于挑战已经隐含其中。

批注是传统的读书方法，是中国文化传统的体现。批注时，读者在文中空白处进行批评和注解，作用是帮助自己掌握书中的内容。它直入文本、少有迂回，是阅读者自身感受的记录，体现着阅读者别样的眼光和情怀。不知什么原因，批注这种阅读方法现在淡出了人们的视野。

李娜娜的批注值得我们读一读，如果愿意，也可以试试批注式阅读。她的批注有注释，如分析和比较；也有批评，如评论和质疑。在文艺评论中，批评是个中性词，没有褒义和贬义之别。我感触特别深的是，她通过阅读有新的发现和领悟，这对后续开展课例研究有启示。

王晓叶提出"积雪式推高"这个观点，很有意义。其实我们组织教师共读小组一起研读好文好书，开展课例研究的实践探索，就是"众人拾柴火焰高"，像层层积雪一样来增厚学养，互相鼓励，共同探讨，以便使学习共同体教改实验更有效，站得更高，走得更远。

我在文章末尾归纳了王晓叶给我们的启示，他用一节课作为范例展现了深度学习的一种方法，也证明了实施深度学习其实并不难。

李娜娜问，如果没有这个研究结论，文章可否成立？是否可以以反思和思考来代替概况与总结，不轻易下结论？我的回答是也可以啊！

这里还可以讨论的问题是，教师开展课例研究的宗旨是什么。不是模仿某一种模式——比如专家给出的模式，然后用模仿完成一篇课例研究报告。不是把学习共同体的理论和实践作为一个公式来套克旗的教改实验，力求自己的教改像他人的模样。这既无必要，也没有可能。我们开展课例研究的目的是提高教师的研究能力，是指向深度学习的克旗教育生态变革。

读书是学习，学习的关键在于提高学习能力。何谓学习能力？我认为是选择能力、吸收能力和运用能力的总和。

读书方法有多种，适合自己的才是最好的。李娜娜用批注式阅读方法学习，有助于拓展阅读方法，提高学习能力。找到好书好文，还需学会领悟吸收。

因为有好课呈现，有课堂观察与分析的解读，所以才有李娜娜老师的圈画、批注与写作。这是一个研究的链条，环环相扣、层层递进地提高了研究的质量。

二、文献综述案例

上海市南汇第二中学的数学教师严长宜做了一篇文献综述——《数学符号语言理解能力文献综述》，这篇文章获得由上海市教科院普教所主办的"文献综述"征文奖。

一、基本概念的界定

数学语言是数学思维的载体，可分为图形语言、文字语言和符号语言三类。它又是抽象的人工符号系统，不便于口头表达。但数学语言通用、简洁、科学。三类数学语言（图形、文字、符号）的互译，是加深对数学本质的理解、提高辨析能力的重要手段。数学知识与数学思想最终要通过数学语言表示出来并获得理解、掌握、合作和应用，各种定义、法则、公式、性质都是通过数学语言表述的。

德国数学家莱布尼茨说:"符号的巧妙和符号的艺术,是人们绝妙的助手,因为它们使思考工作得到节俭,在这里它以惊人的形式节省了思维。"正是数学符号的出现,才使得数学显得简明,结构优美。它是世界上唯一一种共同的世界语言。数学符号是数学科学中专门使用的特殊符号,是含义高度概括、形体高度浓缩的抽象的科学语言。王安石有诗云:"看似寻常最奇崛,成如容易却艰辛。"它的产生是在数学概念推理、公式演算、逻辑证明的过程中,为了使数学思维表达更简洁、更精确、更流畅而产生的直观揭示数学本质的特殊的数学语言。

二、关于数学符号语言理解能力的理论观点

"正如一棵树在健壮的生长中,用新的树层使老枝变粗,长出新枝,枝叶往上长高,根又往下长深一样,数学在自己的发展过程中把新的材料添加到已经形成的领域中,形成新的方向,升到新的抽象高度,并在基础方面更加深化。"这是苏联著名数学家亚历山大洛夫在其数学名著《数学——它的内容、方法和意义》第一卷中的一句话。这句话引起许多哲学家提出了各种不同的数学理论基础。逻辑主义者认为数学的可靠基础应是逻辑,通过历史的证明,把"数学化归为逻辑"是片面的;直觉主义者的代表人物是荷兰数学家布鲁沃,他说"我们借助于可信性进行思考";最著名的就是希尔伯特的"形式主义"观点,实际上这一观点是逻辑主义与直觉主义的混合体。在希尔伯特那里,数学被分成两个部分:"真实的数学"与"理想的数学"。数学的基本表征是数学符号,我们解决数学问题,在很大程度上来说,是要把数学符号呈现的内容理解到位,从而解决问题。杜威在1910年出版的《我们怎样思维》中首次对解决问题的心理过程进行了探讨,提出了问题解决的五大步骤:

(1)在情境中感到要解决某种问题的暗示;

(2)明确要解决的难题是什么;

(3)提出解决问题的假设;

(4)推断所定假设的内在含义;

（5）在行动中检验假设，从而解决疑难问题，取得直接经验。

对于初中的学生而言，他们往往有解决问题的思路，但有思维定式，影响了问题的解决。再者知识经验与认知结构也是影响问题解决的主观因素。通过对布鲁纳表征理论的学习，数学的学习存在三个心理表征：动作性表征、符号性表征和图像性表征。它揭示了数学语言中的三种形式：图形语言、符号语言和文字语言。虽然数学符号语言抽象，但具有含义确定性、表达简明性、使用方便与直观的特点。在数学符号语言的教学中，重在弄清数学符号的含义和实质。

"数学教学也就是数学语言的教学。"数学语言是一种由数学符号、数学术语和经过改造的自然语言组成的科学语言，是数学知识的重要组成部分。数学知识与数学思想最终要通过数学语言表示出来并获得理解、掌握、合作和应用，各种定义、法则、公式、性质都是通过数学语言表述的。

三、国内关于学生数学符号理解方面的实证研究

国内的徐品方、张红在2005年时就对常用的200多个数学符号追根溯源，详细地介绍了这些数学符号产生的背景与由来，从悠悠的历史长河中，采撷了这些数学王国里的珍珠，以飨读者。

鲍建生和周超在《数学学习的心理基础与过程》一书中对于前人（鲁宾斯坦和汤普森）的发现做了叙述：口语挑战、阅读挑战和书写困难是在学习过程中同时发生的。口语挑战是指"如何将符号转化成口头语言"；阅读挑战是指"如何理解符号所表示的概念"，即理解符号的意义；书写挑战是指"如何把有关代数的想法用书面的形式写下来"。

陈盈言和张幼贤就学生在函数概念上的主要失误撰文指出了原因："表征理解的困难且不能相互转化，不了解数学符号表示一般化的困难，受背景知识的约束，无法将已知概念用于解题，等等。"这就为数学的有效交流设置了障碍。老师兴高采烈地上课时，由于数学交流上的理解不在一个层次，学生只能看着老师表演，完全不知老师的用意。所以要提高教师本人的数学素养，寻求适合的方法，让学生参与交流，及时发现理解上的偏差，及时纠

正他们错误的想法。

四、对国内外研究的综合评述

在初中阶段的代数教学中,数学符号语言系统集中表现在"字母表示数""整式分式的运算""因式分解""方程与不等式""函数";代数的核心问题从符号与方程概念上的理解转化到了现在的函数的学习与理解。在数学符号语言的教学过程中,主要解决以下问题。

1. 加深对数学符号语言的理解

数学符号语言是唯一的世界语言,用于表示数量关系和变化规律。在学习数学符号的过程中,将同时出现三种挑战:口语挑战、阅读挑战和书写挑战。本课题研究意在通过提高兴趣,改变教学方法,在教学的过程中注意能用数学符号表示具体情境中的数量关系与变化规律;能理解数学符号所表示的数量关系与变化规律;会进行数学符号间的转化;会用适当的方法解决用符号表示的问题。

2. 关注学生数学符号语言运用能力的现状,加强数学符号语言学习与数学思维的关系

通过在课堂教学中加强对数学符号语言理解能力的培养,提高学生对数学符号的形式语言与非形式语言的转化能力,从而促进学生数学抽象思维及逻辑思维能力的提高。

3. 提高数学交流的能力

数学符号语言是代数学习的基础;结合初中学段的特点,数学符号语言能力的提高正是数学素养提高的标志;一定程度上,数学符号语言理解能力的高低决定了数学交流的水平。

4. 发展学生的代数思维从加强数学符号语言理解能力入手

提高学生的数学素养关键在于提高其阅读的能力及对抽象符号的理解能力。国际流行的PISA数学素养指的是当学生遇到问题时,能够在多大程度上激活其具有的数学知识和数学能力并解决这些问题。它与传统学校意义上

的数学概念最显著的区别在于关注"现实生活中的数学",而非"离开生活的抽象数学"。国际上对数学的要求使得国内的专家与同行们对这一个问题也有了同感:"数学所处理的问题是科学中的数据、测量、观测资料,是推断、演绎、证明,是自然现象、人类行为、社会系统的数学模型。"数学阅读通常包含语言符号(文字、数学符号、术语、公式、图表等)的感知和认读、新概念的同化和顺应、阅读材料的理解和记忆等各种心理活动因素,也包含了不断假设、推理、证明、想象的积极能动的认知过程。

严老师在文中得出的"发展学生的代数思维从加强数学符号语言理解能力入手"等四条结论,就是后续开展行动研究的"假设"。以"假设与验证"的思路开展研究,会得到较高质量的成果。

三、对文献研究意义的再认识

认识到文献研究对于教育研究的重要性,是我在阅读了徐碧美教授的《追求卓越——教师专业发展案例研究》以后得到的启发。此书初次在国内刊印是 2003 年,由顾泠沅研究员推荐作序,人民教育出版社出版。

顾泠沅研究员在上海市教科院普教所的一次内部学习中推荐了这本书,并要求区县科研主任阅读学习。徐碧美教授在书末附录的参考文献有 273 条之多,可见极尽所能不遗漏。在第二章"专家知能的相关概念"中,作者用了 14 页篇幅讨论"专家知能"这个概念。我由此领略到学术研究的严谨和规范,对文献研究的深邃有了一些感知、感动,生出虽不能至、心向往之的感念。

此书我做了通读、圈画和摘录,也写了读后感与学员交流分享。在我看来,第二章"专家知能的相关概念"就是一篇文献研究报告。这篇文献研究报告奠定了徐教授研究的基础,也是统领全书研究的重要思想。

书中的一些重要观点对我的影响很大。例如:

专家"愿意处理那些能增长其专家知能的问题,而非专家倾向于解决那些不需要增强自己能力的问题"。因此，正是人们在其"能力极限的边缘工作"时促进了自身专家知能的发展……

专家知能是一个过程，而不是一种状态。在这个过程中，专家不断为自己设立更高的目标并努力达到这些目标，从而不断扩展了他们能力的上限；在这一过程中，专家由于经验而习得了相关知识，从而释放了大脑资源，又不断地把这种资源再投入到将一些常规工作"问题化"中，即把这些问题重新表征并寻求解决办法。

阅读徐教授的书，使我对优秀教师成长路径有了通透感。我把徐碧美教授的研究结论运用到工作室骨干教师的培养中，产生了良好的效果。我由此得出优秀教师成长的路径是：勇于挑战、勤于学习、善于反思。

理论对实践的指导意义，通过阅读、思考运用到培训实践中，进而产生了功效。

[一点建议]

教师的实践研究与实践创新留下了很多宝贵经验，有的写成文章已经公开发表，有的没有公开发表。这些没有公开发表的文章不乏精彩内容甚至含有范例意义，如本书引用的调查研究案例（苟士波）、课例研究案例（刘姣）、读后感案例（李娜娜）、驳论文案例（夏颜、晓冰）等。

这些精彩案例能否进入文献范畴，是一个见仁见智的话题，值得探讨。我觉得，学校里有"散落的珍珠"值得关注，把"散落的珍珠"串成"项链"需要专业研究人员发挥作用。完整的文献研究还需要有"珍珠和项链"，以此形成完整的文献体系。

我们已经进入自媒体时代，鼓励教师把那些字数较多、篇幅较长、难以公开发表的文章通过自媒体公布于众。这有助于他们的文献研究视野得到拓展，文献内容得以丰富。

第二单元

方法有依循

呼吁全国教育研究界和学术媒体一道，积极把握教育科学发展的内在要求和趋势，共同承担起推动中国教育研究从经验性、思辨性向实证性研究范式转型的责任和义务，培育基于事实和证据进行教育研究的新范式和新文化，努力实现当代中国教育研究的新发展和新突破。

——华东师大行动宣言

中小学教师在选择具体的研究方法的时候，完全可以简单而自信地宣布："我的研究方法是调查研究"，或者，"我的研究方法是实验研究（或行动研究）"。

——刘良华

课例研究，是以一节课或者多节课围绕一个主题开展的行动研究。课例研究需要用调查研究搜集证据，用证据证明研究假设是否成立。如果执教人有课题研究设计在前，依据课题研究的进程实施课例研究，则更加符合学界的认识，符合行动研究规范。

——黄建初

研究方法的演变——走向实证研究

💡 [问题呈现]

教师做研究需要方法，需要知晓、了解研究方法，然后从中选择合适的方法开展研究。

研究方法很重要。一如上海市教委科研处的苏忱先生所言，普教科研需要有真问题、真方法、真成果。

📖 [案例析评]

普教科研发展的30多年中，研究方法有一个演变的过程。从量化研究开始，又出现了质性研究，两种研究方法相映生辉。后又从思辨性、经验性研究向实证性研究转型。如今，实证性研究得到重视，正在发展中。

上海的普教科研从最初的"三法两工具"（实验法、调查法、经验总结法和教育评价、教育测量）到质的研究方法，再到从思辨性、经验性研究走向实证研究，是经历了一个过程的。教师开展教育研究起初是出于模仿，后来发现需要改进与拓展，于是案例研究、课例研究、行动研究等进入普教科研的视线。30多年积累的研究经验，也为教育研究方法的转型奠定了基础。

一、坚守学校教育科研的实践取向

进入21世纪前10年,上海市教育科学研究院召开了市普教科研30周年纪念大会,提出坚守学校教育科研的实践取向,开始了群众性教育科研30年后的再出发。

2012年12月22日是上海市教科院普教所建立30周年的日子。12月8日,在上海市教科院礼堂举行了庆典活动。活动结束后,围绕"普教科研30年"有一系列文章见刊。如潘国青的《上海市学校教育科研三十年发展与前瞻》、汤林春的《群众性教育科研的坚守与创新》、张民生的《普教科研发展的宏观视野》、顾泠沅的《坚守学校教育科研的实践取向——从第一篇文章发表说起》,先后登载在《上海教育科研》上。

顾泠沅先生在大会上的讲话,值得一读。他坦言:

叫我代表老一辈的科研工作者做一个简短发言,我很荣幸。但是代表"老一代"让我非常为难,什么道理呢?因为在我们这一代之前还有"老老一代",是他们领我们进了教育科研之门,我们能有今天的成就他们实在是功不可没。我们是过渡的一代,前有"老老一代"作为领路人,后面有新生的一代。

我的汇报分两段,一段是仰望前辈巨人,另外一段是期待新一代的来者。教育搞乱容易扶正难,改革难,改革中的科研甚至是难上加难。三位前辈巨人的指引是令人终生不忘的。吕型伟先生说,工业化时代的东西恐怕现在要有所改变。他提出了新时代培养能力、开发智力的目标。华东师大原校长刘佛年先生曾对我说,改革要寻找一条具有中国特色的处在中间地带的改革思路。浙江杭州大学的张老先生从研究方法转型开始提出问题,他认为过去我们常常做某一个理论、某一个流派的验证性的实验,看来还需要有学术的力量介入来避免探索中的盲目,这就是面向未来的研究方法论。

一个是时代性,包括研究的内容要符合时代的要求,研究的方法也需不断更新。另外一个是实践性,即一切的研究都要从实际问题出发,结果是务求实效。如果说这些年来我们还有一点点遗憾的话，那就是空洞的议论多了一些，盲目的照搬多了一些，实践求证少了一点。

对新一代的期盼。实践是学校教育科研工作者生存的故乡，一个人无论走得有多远，也要记住"我的家在东北的松花江上"，这就是根，这就是故乡情结。一是多年参与学校科研的经验，我认为学校科研的对象理所当然是发生在学校中间真实的问题，因此这种研究应该以学校为基地进行。二是嵌入日常的工作，大家都应提出问题来，应该有自己独特的研究方法。计划改进与成效反馈之间螺旋地往返，已经成为教师校长专业发展的重要手段。但是这个方法在理论知识的连接上是不够的。

实践是学校科研工作者历练的战场，科研是一个没有硝烟、寂静无声的战场，它既需要谋略也需要有功力，教育也好，改革也好，研究也罢，都需要有坚实的功力。比如课改，课堂不变什么都没有变。

今天，课堂的改革是鼓励学生自己学习，教会学生如何学习，今后不教也能学习，这三句话成为国际教育研讨大会的共识。这是立场的转变，这个立场为学而教，为人才的发展而教。指导者与被指导者如何做到"明白之人使人明白"，这对指导者就有特定的要求。由此还有我们国内的精神自由的思想，指导者必须具备什么样的能力，具备什么样的思想，任何的浮躁心态都不可取。科研的本义是在于创造，创造需要把根深深地埋进肥沃的土壤里。

突破有两类策略，一类是颠覆性的突破，另一类是组合性的突破。前者针对问题，创意鲜明，登高疾呼，轰轰烈烈，但容易执其一端，引发历史上多见的钟摆现象；后者了解以往，看懂现在，殚精竭虑，润物无声，但它需要在众多成功的碎片上，做出更具整体功效的归纳，这就是人们常说的"把珍珠串成项链"。当然，这里有很重要的一条，整体的改革还必须研究长效机制及其政策、文化建设的保障。期盼，就是希望教育科研人员在实践取向下坚守再坚守。这就是我对新一代科研工作者的期盼。

我觉得，如果说以顾泠沅先生为代表的老一辈科研工作者在科研的价值、方向、策略上已经做了辨析和呼吁，我们从事基层工作的教师需要做的就是立足本职岗位，基于群众性教育科研的理念，在方法、路径、成果表达等方面，做出既有时代性又有实践性的教育科研来。

二、教育研究的转型

1. 全国教育实证研究联席会议

2017年1月14日，在上海华东师范大学举行了全国教育实证研究联席会议。全国13所高校教科所所长和32家教育杂志主编参加会议。会上一致通过了加强教育实证研究、促进研究范式转型的华东师大行动宣言，呼吁全国教育研究界和学术媒体，把握教育科学发展的内在要求和趋势，共同承担起推动中国教育研究从经验性、思辨性向实证性研究范式转型的责任和义务，培育基于事实和证据进行教育研究的新范式和新文化，努力实现当代中国教育研究的新发展和新突破。

据我所知，能够走进课堂做研究的专家还是比较有限的，因为稀少，所以珍贵。课堂改革的"珍珠"散落在学校里，把"珍珠"串成"项链"需要专业研究人员的潜心投入。学者能够放下身段、降低姿态，走进课堂和广大教师一起做研究，是需要有点儿精神的。教育研究只有积累大量的研究资料和实证依据，据此再做学理分析，才会扎实有效。践行实证研究，对改变"空转"式的研究风气，减少一些人云亦云的"正确的废话"，起到了净化的作用。

2. 开展实证研究的理由

实证研究，简言之就是"拿出证据来"。实证研究是用事实说话，拿证据证明，不是以逻辑推理得出结论，在文献堆里做研究，也不是"登高一呼"以顶层设计为抓手，更不是忽视教育现场的复杂性、不确定性，拿几个成功例子做宣传了事，却对大量客观存在的问题甚至顽症视而不见、弃之不顾。

为什么要开展实证研究？郑金洲教授在首届全国教育实证研究论坛上的发言"教育实证研究离我们还有多远？"指出——①

得出认识教育需要实证研究的结论相对比较容易，我们大体可以从四个方面来分析。教育现象的复杂性需要实证研究。任何一个教育现象都有着复杂的基本特征，这种复杂性既表现为自身的多因素、多层面，也表现为教育与外部环境的关联性、互动性。要认识这种复杂的现象，仅仅靠规范性分析和研究或理论的推导和思辨是远远不够的，需要研究者将实证分析与规范分析有机结合起来。

教育问题的实践性需要实证研究。从今天来看，所有实践的问题都有着深层次的原因，有着不同的表现形态和方式，认识这些问题，需要实证研究作为基础。通过实证研究深化对教育问题的认识，纠正其中的误解和偏差，从而为教育实际问题的解决打下坚实基础。

教育学科的应用性需要实证研究。教育学科到底是哲学学科还是实证学科，可能有着不同的认识。但总体来说，教育学科由于其较强的实践色彩，是偏向于应用的，这也意味着教育学科需要通过实证研究得出一些客观性结论，并用这些结论不断充实、完善学科的理论。

教育观念的"自在性"需要实证研究。无论是家长还是教育行政部门管理人员，抑或是校长或老师，每个人都有自己的教育观念，这些观念大多建立在对某些教育事实的感知基础之上，具有较强的"自在性"。这种自在品质的教育观念，假如没有经由实证验证，就难免失之于偏颇，难免与教育整体的要求有着这样或那样的差距。

3. 教师研究方法的选择

刘良华教授在《教师研究与专家研究的大同小异》中指出——

---

① 吕洪波, 郑金洲. 教育实验研究离我们还有多远？[J]. 河北师范大学学报（教育科学版）, 2016（1）.

调查研究和实验研究是教师研究的两个核心方法。而且，最好以实验研究为主，辅之以调查研究。除此之外，实在没必要追求研究方法的花样和新奇。

所谓的行动研究，它不过是实验研究的变式和变形。它的前身是实验研究。它的身份乃是准实验研究。也因此，中小学教师如果真愿意做行动研究，就需要先做实验研究，然后以叙事的方式提交行动研究报告。由此可以得出一个结论：出色的行动研究报告总是接近或类似实验研究报告。维护和拯救行动研究地位的唯一途径是：把行动研究做成准实验研究。如果不拿出做实验研究的精神，就不会发生真实的行动研究。

4. 走向有理论视角的实证研究

"走向有理论视角的实证研究"是印在刘良华教授专著《教育研究方法》封面上的提示语，这句话既是研究结论，也是对教师做研究的指引。它有两个关键词：一是强调有理论视角，二是强调做实证研究。

综观教育研究方法的变化，从显性的层面看，是有形的方法；从隐性的层面看，方法的背后有教育研究哲学的变化。强调"量化"研究与教育研究的科学理性有密切关系，受到自然科学实验的影响比较明显。强调"质性"研究与教育研究的人文关怀有密切关系，受到人文社会科学的影响比较明显。

陈向明教授引入"质的研究方法"，是对纯理性研究思路的丰富，用叙事来描述案例，呈现人文性的生命关怀，在教育研究中把理性与生命性统一起来思考。叶澜教授的"让课堂焕发生命活力"，朱永新教授的"新教育实验"和张文质老师推崇的"生命化教育"，都把对"生命"的关怀视为教育研究不可或缺的重要因素。

学界强调"实证研究"，是把理性与生命性的融合提高到一个新的阶段，丰富了教育研究的方法，也提升了教育研究哲学的水平。经过实践的检验，重新强调科学理性的作用，也重视教育研究的生命关怀，成为新时代教育科学研究的哲学基点。

实证研究已经得到学术界和一线教师的重视，并开始在实践中尝试。上海市浦东新区一批由教育博士率领的团队开展的教改实验，对教育研究转型有积极的促进意义。张娜博士践行的"微实证研究"形成了《教师研究为何与何为——从个体经验到群体实证的一种嬗变》一书。她提出了"实证研究取向不是把教师劳动演绎为单纯的科学，而是秉承实证精神，拿证据说话，在体验感悟与客观实证之间探寻一条可行之路"。王丽琴博士率领教师践行"课例研究课程化工坊"教改实验，已经形成了相关教师研究团队和丰厚的成果。陈静静博士秉持佐藤学教授的学习共同体理念，把研究从浦东推向全国各地，硕果累累。领航教师程春雨已经出版了《研究型教师的成长力量——经典文本解读与高品质教学》。

[一点建议]

本文以上海市普教科研方法的发展演变为着眼点，简明扼要地勾勒出普教科研方法论的发展历史，旨在引导教师对教育研究方法有一个大体的了解和理解。笔者抛砖引玉，希望教师进一步阅读那些具有里程碑意义的文章、专著，在确定自己的课题研究方法时，不至于因为盲目而疏漏和肤浅。

鼓励教师阅读原文，是因为笔者在引述时难免会留下主观性和个人喜好的偏见。俗话说"兼听则明，偏听则暗"，所以，花时间阅读原文有助于减少偏见及可能出现的谬误或偏差。

行动研究是一种研究方法还是研究方式

💡 [问题呈现]

把行动研究看作研究方法的大有人在。

行动研究是教师做研究的主要方式,但不是一种具体的方法。对行动研究目前还存在很多误读、误解,需要加以澄清。

设计研究方法时,非常雷同也是存在的问题。某市举办了科研骨干教师培训班,要求每位教师设计一个课题作为学习后的作业,也供教师后续做研究使用。我受邀做课题设计的指导,阅看了70多份作业,发现这些作业在研究方法的设计方面非常雷同,大多集中在文献研究、调查研究、行动研究、案例(个案)研究、经验总结上。

从课题名称看,多数课题以实践研究(或实践与研究)立题,涉及课程开发、教学改进、德育、教师专业成长、教研组建设,等等。不同的课题需要选择不同的方法,选择的原则与研究内容相匹配,这是常识。但这些课堂非常雷同,说明学员对怎样选择研究方法还不是很清晰。

如果从课题设计就开始模糊,后续研究会很麻烦。我作为区教科研主任,走进学校指导教师做课题研究是一项主要工作,也由此看到一些带有普遍性的现象。常常有学校做课题研究时,把文献述评做了,把调查问卷做了,也写了几篇教学经验论文,或者几个案例、课例之类的文章,但接下来怎么办,就碰到了困难,要把已有的研究资料撰写成一篇研究报告有点棘手。

问题出在课题设计上，对行动研究的理解过于浅表化，对什么是行动研究还没有搞清楚。有专家总结，行动研究有三个关键短语：为行动而研究、在行动中研究、对行动的研究。这三个短语理解容易操作难，因为比较抽象。做研究需要把抽象的概念转化为"显性"的抓手。

[案例析评]

一、行动研究的文献解读

对行动研究做追根溯源的辨析，有助于理解行动研究的含义。

最初参加教科研工作时，我读到了一篇文章，讨论的话题是"反思实践法"。那时，中小学教师的研究方法局限于"三法两工具"（即实验法、调查法、经验总结法和教育评价、教育测量）。吴锦骠对教师怎样做科研有感悟，于是在实践中推广"反思实践法"。[①] 后来，"行动研究"一词从国外被引入国内，在普教科研界流行，并逐渐取代"反思实践法"，被大多数中小学教师接受。

当行动研究流行以后，教师的研究以行动研究为主，已成定规。审阅课题申请书时频频见到。但是，一个不争的事实是，最终的研究报告水平普遍不高。

行动研究得到学界的普遍认同，中小学教师以行动研究为主要选择并没有错，错在没有真正弄懂、弄通什么是行动研究，很多教师的认识还停留在"行动加思考"的层面，以为只要在行动中增加一点思考和反思就是行动研究。为什么如此？因为每个人的"思维版图"不同，没有做过研究，没有对概念做内涵和外延分析解读的经历，光凭想象、道听途说，难免出现"想当然"的肤浅。

---

① 吴锦骠.反思实践法初探[J].上海教育科研，2002（2）.

学界对行动研究的看法是什么呢？

袁振国教授在《教育研究方法》一书中指出："行动研究并不是一种独立的研究方法，而是一种教育研究活动，是一种教师和教育管理人员密切结合本职工作综合运用各种有效的研究方法，以直接推动教育工作的改进为目的的教育研究活动。"① 由此可见，把行动研究作为一种研究方式看待是对的。

董树梅在2013年发表了《行动研究是研究方法吗？——对行动研究归属的方法论解读》一文，认为行动研究不是一种独立的研究方法。"根本就不会存在只使用行动研究的研究。只要使用行动研究，各种研究方法就会如影相随。为有效达成研究目的，综合使用各种研究方法被很多研究者所认可、使用。因此，行动研究并不是一种可以单独使用的研究方法，它需要综合使用各种研究方法。观察、问卷、访谈，甚至是实验，都可以成为行动研究的得力助手。"②

2014年，刘良华教授的《教育研究方法》出版。他提出行动研究可以分为科学的行动研究和实践的行动研究，认为科学的行动研究相当于实验研究或准实验研究。科学的行动研究与实践的行动研究的主要差异在于：前者更重视研究的技术与规范，比如文献综述、两轮以上的研究过程、对研究结果的检验与对照等，后者更重视行动者在研究中的主体地位、对实践问题的改进以及在问题解决中的实践智慧。提倡"实践的行动研究"并不意味着不重视行动研究中的技术与规范，恰恰相反，斯腾豪斯本人倒是一再强调行动研究应该有必要的研究技术与研究规范，否则就不配称为"研究"。③

从上述文献可见，学界对行动研究的认识也是在不断变化和深化的，但是将行动研究理解为一种研究方式更符合客观现实。行动研究需要得到观察、问卷、访谈甚至实验的支持，数种方法配合使用，更符合研究的实践和规范。

---

① 袁振国.教育研究方法［M］.北京：高等教育出版社，2000.
② 董树梅.行动研究是研究方法吗？——对行动研究归属的方法论解读［J］.上海教育科研，2013（7）.
③ 刘良华.教育研究方法［M］.上海：华东师范大学出版社，2014.

对此，刘良华教授做过分析解读。他指出，问题在于，当中国教育界热衷于行动研究并将行动研究视为新奇的教育研究方法时，行动研究也一度被自我降格为低级的、随意的问题解决而不丧失研究的资格。殊不知，所谓的行动研究，它不过是实验研究的变式和变形。它的前身是实验研究。它的身份乃是准实验研究。也因此，中小学教师如果真的愿意做行动研究，就需要先做实验研究，然后以叙事的方式提交行动研究报告。由此可以得出一个结论：出色的行动研究报告总是接近或类似实验研究报告。维护和拯救行动研究地位的唯一途径是：把行动研究做成准实验研究。如果不拿出做实验研究的精神，就不会发生真实的行动研究。①

二、行动研究可运用"假设与验证"的技术路线

1. 一个教师的课题例析

某中学青年教师的研究为"初中数学课小组合作学习提高学生学习质量的行动研究"。

第一步，学校组织了一个青年教师校本研修班，要求教师阅读佐藤学的《教师的挑战——宁静的课堂革命》，并写一篇读后感。

第二步，在课堂里开展小组合作学习的教学改革，尝试小组合作学习。学校及时跟进，帮助教师解决遇到的问题，组织数学组教师外出观摩考察。

第三步，申报课题，用比较规范的研究设计框定行进的路线。

第四步，数学教研组听课研讨，学校领导介入，还邀请了科研员。

第五步，分解研究内容，落实研究任务。研究进展了数月，成效不明显，怎么办？诊断问题，发现之前的研究随意性太强，缺乏严密的计划。开会研究，决定对研究内容进行分解。（1）在班集体教学中，如何对学生进行分组的研究：异质分组和同质分组的课堂教学观察和分析。对比两种分组方法，观察哪一种更适合小组合作学习。进行四人分组与六人分组的比较研

---

① 刘良华. 教师研究与专家研究的大同小异［J］. 上海教育科研，2010（9）.

究。组长如何设置？由教师指定好，还是学生自己推荐好？小组成员用常设好，还是需要进行必要的调整？为什么？（2）在哪个教学阶段采取小组合作学习的研究：是新知识引入探索阶段、动手操作阶段、练习出现普遍性错误时、解答开放性问题时，还是解答有一定难度和挑战性的题目时？（3）怎样开展小组合作学习：选择何种教学内容来开展合作学习？习题如何设计和选择？要不要给学生比较充分的讨论交流时间？教师用什么话语指导小组合作学习活动的有序开展？

第六步，每完成一项任务，及时写作，把研究成果"固化"下来，把实践转化为文字，做好资料积累。课题研究已经完成，得到了科研员的称赞。

课题组秉持了实证研究的思路，把"假设与验证"作为研究的技术路线，用课堂观察等调查方法作为搜集证据的手段，验证假设是否成立。

初期研究时，课题组内对新授课能否实施小组合作学习产生分歧，于是一位教师开了一节研究课"直角三角形内角之和等于180度"。这节课的研究假设是"新授课是可以实施小组合作学习的"。课题组教师做课堂观察员，观察学生的真实学习，而后得出结论：新授课也可以进行小组合作学习，有助于学生学习质量的提高。假设得到验证。

这样的研究设计和实施路线，迁移到课程研究（含校本课程研究）、德育研究、教师教育研究、教研组建设研究，都是可取的选择。

2. 用行动研究还是实践研究立题

当我们对行动研究有了深入了解后，可以不再用"实践研究"一词作为课题题目。用实践研究作为题目，会因为实践研究过于宽泛而难以把控。实践研究是一种研究方式的名称，还不是具体的方法，它过于笼统，不适合用在课题设计上。

实践研究对应的词，是学术研究吗？实践研究与学术研究相比较，是不是各有一套操作方法呢，还是有共同的规范需要遵循？用崔允漷教授的话说，如果医学院的教授看病与普通医生看病各有一套操作，可是要看死人的。所以，不建议教师将实践研究当作研究方法来使用。

当教师把行动研究作为主要研究方式时,要注意它与其他方法不是并列关系。

刘良华教授在《教育研究方法》中指出:注意各种研究方法的层次,不能将不属于同一层次的各种研究方法杂糅、并列。比如"本研究采用文献研究法、实证研究法、质的研究法、观察法、访谈法、叙事研究法"。这些研究方法并不属于同一个层次,可以调整为:本研究采用质的研究,具体采用访谈法和观察法两种研究方法。在收集资料和分析资料以及撰写研究报告的过程中,主要采用叙事的形式。

3. 用单方法研究与多方法研究分类

笔者尝试用单方法研究与多方法研究分类。

教师的研究要么是单方法研究,就是用一种方法做研究;要么是多方法研究,以行动研究为主,把调查研究、文献研究等方法融汇到行动研究之中。

多方法研究不是诸多方法的并列,而是主要方法与次要方法的关系。

[一点建议]

行动研究就是准实验研究的代名词,实验的思想是假设与验证的思想。所以,做行动研究也需要假设在前,验证假设的真伪在后,这样教师脑中可以有一个清晰的研究思路或称技术路线,做到胸有成竹。

做行动研究需要对研究内容做分解,寻找匹配的研究方法,不同的内容用不同的研究方法。如果有多种方法可用,还需要思考最佳的技术路线,采取多种方法的互证,使研究结论更可信。

用调查搜集数据资料。观察、访谈、问卷、前测与后测,是四种常用的调查。最后,别忘了撰写叙事的行动研究报告。

如何做课堂观察

💡 [问题呈现]

教师做教学研究由来已久。以往的研究以关注教师的教为主要特征,学界提出还需要研究学生的学。如何研究学生的学?课堂观察这一方法被提到了议事日程。用录像带把一节课全程拍摄下来,而后做教学分析,条分缕析很精细,却难以运用到日常的教学中去。顾泠沅研究员、王洁研究员、杨玉东研究员、安桂清教授等都在研究中运用课堂观察来做教学分析。

佐藤学教授把课堂观察从"结构观察"转向"自然观察",课堂观察也成为一线教师研究课堂、分析学习、打开课堂的"黑匣子"。陈静静博士把佐藤学教授的观察方法引进浦东新区,让课堂观察成为教师做教学研究的有效方法。

📖 [案例析评]

如何做课堂观察?让我们从教师撰写的三则观察报告进入他们经历的课堂观察现场。

一、教师学做课堂观察,可以从观察个别学生开始

朱春蓉老师的学校引进了课堂观察的教学研究方法。她在一节语文课

上，重点观察了四人小组中的一位弱势女生，撰写了一篇《精彩瞬间的背后——邵老师〈羚羊木雕〉研究课观后感》。她的记录与分析对我们怎样破解"学困"有意义。

精彩瞬间的背后

——邵老师《羚羊木雕》研究课观后感

朱春蓉

今天上午第三节课，我随着学校的安排，听了六（4）班的一堂语文课，课题为《羚羊木雕》，执教的是六年级语文学科的邵老师。在课后的研讨中，听课教师各抒己见，十分热烈。在我观察的那个小组中，一位弱势女生的瞬间转变令我惊喜不已，也让我看到了小组合作学习的意义所在。

我观察的小组由两个女生和两个男生组成。活动伊始，我很容易就分辨出谁是组长，因为担任组长的那位女生比较强势，角色意识明显。她干练果断，组织能力很强。但小组中另一个女生的表现却不是那么令人满意。

在第一次小组合作活动中，他们要完成互相检查预习单的任务，其他几位组员的任务完成得很好，可是坐在我身边的那位女同学，她的预习单连一半都没完成。因为有听课老师在旁边，组长觉得很没面子，于是就忍不住轻声指责了她几句，女生显得格外沮丧。但她紧攥着手中的笔，一副想要努力完成学习任务的样子。

第二次小组合作任务开始了，这是一次分角色朗读的任务。她领到了文中母亲角色的朗读任务，只有两三句话。她左手用尺，右手拿笔，认真地把这些语句工工整整地画下来。合作朗读开始了，她的声音很轻、很不自信。组长在一旁指导说：你要用严厉的语气来朗读，再来一遍。女生便重新读了一遍，虽然声音还是很轻，语气也并不明显，但是我们听得出来她正努力去尝试。

第三次小组合作的任务开始了，这次是对一道开放题的讨论，其他三个组员讨论得很热烈，唯独这个女生只是静静地听。这时候组长又发话了：你不能只听我们讲，要自己动脑筋。这个女生怯生生地看着组长和另两位组员，眼神闪烁不定，嘴唇嗫嚅、欲言又止。

临近下课，老师要求学生就最后一个问题交流发言。我惊喜地发现我身边的这位女生不知什么时候竟举起了手。可惜，老师似乎没有关注到她。眼看着马上要下课了，组员们焦急地示意她不要将手放下，一位男生轻声说：这可能是我们小组最后一次发言的机会了，靠你了。这时我也鼓励她把手举高，并帮忙托举了一把。终于，老师看到了这位女生，叫她起来回答。她依然是怯生生的，回答也因为紧张而不流畅，下面的组员们着实为她捏了一把汗，争相帮忙提示答案。当她回答完毕，得到老师的肯定并坐下的那一瞬间，她长吁了一口气，脸上呈现出腼腆、轻松而又灿烂的表情，小组成员们也露出了快乐的微笑！

这精彩的一瞬间，无疑是这堂小组合作学习课上最亮丽的一幕，而在这精彩瞬间的背后有太多值得我们探讨的奥秘。

在传统的教学中，教师受到时间和教学任务等因素的限制，很可能只关注了部分的学生，其他学生却游离在教学之外。小组合作学习正好弥补了这一缺陷。组长的督促、同伴的帮助，有效地使弱势学生得到了关注，组内形成了一个成长共同体。成长共同体中拥有一股强大的无形力量——向心力，会对每一个学生的个体发展起着巨大的潜移默化的教育、激励和制约作用。

从观察中，我发现这个女生是一位内心有自我发展需要的学生，她需要得到老师的赞许、同伴的认可，因此她虚心接受组长的批评、组员们的帮助，努力融入小组，与其他成员团结一心，尤其是最后勇敢举手的表现，让人为之动容。所以，课上她的进步也是她自己努力的结果。

二、对两个及以上的学生开展对比观察，教师更易获得有价值的发现

王晓叶老师对两位学生进行了对比观察，由此得出结论，很有意义。课后，他撰写了一篇课堂观察与分析报告。

追求完整的学习过程

王晓叶

我今天带着研究"学优生"和"学困生"的不同学习方式的目的进入了曹哲辉老师课堂中的一个小组。这是一个有四位组员的小组,课前我咨询了他们四人之后得知,小陈是一位学优生,小戴是一位学困生,具体的座位方式如下图所示。整节课,我观察的注意力都集中在他们二位身上,因为我坐在小戴的旁边,所以对小戴观察得最多。

小戴	小梁
小张	小陈

先说说小戴的学习过程。

第一个环节是"复习热身",主要学习内容是盈亏问题公式的复习和简单的计算。这个环节中,我发现小戴不像是所谓的学困生,每一个公式他都能准确地默写出来,计算能力也不错,利用公式直接计算的题几乎都做对了。

第二个环节是"小试牛刀",要攻克的题目是"某品牌衣服标价300元,按八折出售后仍有20%的盈利率,问小明出售的这款衣服进价多少元"。教师先带着全班分析了一下题目,小戴也看着老师,因为此时小戴背对我,所以我无法从他的表情中判断他是否听懂了,然后他就开始自己独立做此题。他又看了一眼这道题,就直接写下"设小明出售的这款衣服的进价是 x 元",但迟迟没有再落笔写下方程。他此时发现原来默写的公式里没有可以用的,被题目中的"八折"和"20%的盈利率"搞得摸不着头脑,没有想到解决的办法。此时曹老师适时地过来指点了小戴:"这道题里售价是多少?"小戴好像恍然大悟似的把原先自己写好的那句话给画掉了,写下了 $300×80\%=240$,然后又迟迟不动笔。旁边的小梁此时已经做好了,她就来指点小戴解题,指点得很详细,小戴最终也把题目解答出来了。但到底是否真的懂了，还要打一个问号。

小陈的学习过程如何呢？

第一个环节对于小陈来讲毫不费力，他完成后就进入了第二个环节。小陈看了一会儿题后，就开始在草稿纸上写了起来，然后就直接写到了学习单上，是这一组学生中最快完成此题的，不愧为学优生。第三个环节也同样如此，先看了一会儿题，再落笔写，最后完成了解答过程。

对比小陈和小戴的学习过程我发现，他们分析问题和解答问题的方式是完全不一样的。小陈在解答问题之前，有一个分析问题的过程，在理清思路后才会动笔写解题过程。而小戴在看到问题后，马上就开始按自己片面的理解来解题，往往是写到一半无法再写，或者是写完之后发现完全是错误的。再深究一下，我发现小戴的学习是一种"模仿式"的学习，对于那些教师讲过且反复操练的题目，他能够通过搜索自己的记忆储存做出来，而对于那些需要自己理解和逻辑推理的题目则会不知所措，因为这些题是脑海中从来没出现过的。小陈的学习是一种"思考式"的学习，面对一个新问题，他首先会去理解和分析问题，找出解题方法之后再书写。这两种不同的学习方式可能就是造成学优生和学困生的一个重要的原因。

我们传统的接受式学习课堂模式，往往会强调模仿练习——老师讲学生听，老师板书解题过程学生模仿解题，追求短期效益最大化。这会让部分学生只会模仿式学习这一种学习方式，面对一些需要独立思考的题总会显得束手无策。所以我认为，对于数学学科而言，要让学生体验到理解问题、分析问题、解答问题的全过程，在这样完整的学习过程中，学生才能习得"思考式"的学习方式。

三、借用适当的理论视角，可以提升教师的课堂观察品质

南汇二中的严长宜老师做了一个有关小组合作学习关系的研究。她用理论视角来分析课堂故事，使课堂观察的意义有了质的提升。

观课后感：追寻"课堂密码"（节选）

严长宜

一、课堂观察背景

10月19日下午，我聆听了上海市教育学会宝山实验学校的数学老师张小刚的一节数学课。我接受课题组长的安排，承担了对第一小组的课堂观察任务。

小组分布情况如下图所示。

小丁		小袁（组长）
小赵	小郁	小钱

张老师的学单上有三个目标：（1）会用平方差公式进行因式分解；（2）知道平方差因式分解的多项式的特点；（3）能综合运用提公因式法和平方差法因式分解。每一个目标配备了学生活动和目标诊断，以期达到学会的目的。

二、观察过程概述

张老师的教学方法采用了"问题化学习"模式。在本节课上，我们也能观察到他的教学线索：让学生发现并提出问题——根据学生回答，使课堂问题定向——对生成的定向问题，让学生自主活动和探究（即小组合作）——对探索的问题及时反馈，在验证中加以解决，继而发展问题，形成新目标。

学生发现的问题是"如何用平方差公式进行因式分解"，并使问题定向为"平方差公式的逆用"（正是张老师期望的合理目标，也是可以使本节课开始的合理梯度）。接下来，学生开始自主活动和探究。

小丁同学独立完成四道题用了两分钟，但是有错误；小郁同学独立完成四道题用时五分钟，仔细观察，也有错误；组长小袁在老师提示时间的配置时卡在了第四题，所幸两分钟后也自行解决了，应该说，小袁同学的解题是完成质量最高的；小赵同学做题时自言自语，总体来说错误率较大；小钱同学旁边的听课老师一直在提醒和帮助他。

在独立阶段,组长的实力是最强的,她能够注意到第三题的最后形式要化简,说明基础比较扎实。小赵同学实际上处于"懵"的状态,一路跌跌撞撞,只有第二题在平方数比较明显、形式比较对称的前提下,才完成得较好。最终,全组第二题的正确率为100%,第一题的正确率为80%,第四题的正确率为80%,第三题的正确率为40%。

在探索与验证阶段,小组合作开始运行,同学间互相帮助,教学效果比较明显。小郁同学是乐于帮助同学的,他会指出问题的要害(小郁帮助小赵),比方说"化成平方""看作整体""提取负号",这些语言都是"数学化"的。组长指出小郁同学与小丁同学的第三题没有化到最后,我从中也能体会到组长小袁同学的基础知识扎实、知识点的连贯性强。

在课堂陈述阶段,各个小组的代表都能够表述清楚,这对于第一次接触小组合作的学生而言,已经很好了。又因为是借班上课,师生之间的默契没有达成,所以这也是影响教学进度的一个重要原因。

三、观察后的反思

虽然本节课的教学进度没有完成,不过如果师生之间的契合程度更紧的话,设置的目标是合理的,选择也是恰当的。但是,现在衡量一节课的标准不再是教学进度是否完成,而是学生的接受程度如何,课堂的内在是否"活化"?

那么,数学课的"课堂密码"在哪里?

1. 提高课堂效率

周彬教授在他的著作《课堂密码》中告诉我们:课堂效率=教学进度×学习接受度。如果教学进度的满分是10分,学习接受度的满分也是10分,那么课堂效率的满分就是100分。实际上,课堂效率中的主导因素是学习的接受度,即使教学进度只完成了7分,但是慢工出细活,只要学习接受度可以达到9分的话,效率也是7×9=63,可以达成基本教学效果;剩下的那些,孩子们也可以在"游泳中学会游泳"。反之,在"满堂灌"的课堂中,教师为了赶进度，不管不顾孩子的接受度，讲再多的知识也只是"浮云"，达不到教学目标。10分的进度×3分（4分）的接受度=30（40）分的效率，也没有达到预期效果，剩下的只是老师的"抓狂与无奈"和"无休止地修修补补"，以及传递给孩子们的"负能量"。

2. 关注"知识提取量"

"知识提取量"也是《课堂密码》这本书中的关键词：知识储存过程中的运用方式越是简单，学生的知识提取越是困难；反之，存储过程中的逻辑越是清晰，学生提取就会变得越容易。

那么，在学生知识的存储过程中，老师的作用就非常明显，是让学生直接打包下载，还是让学生根据提纲自己备份，挑选对自己有用的、不熟悉的、经常犯错的、教师强调的以及同伴提醒的？加工的方式越复杂，含金量就越高，下次提取就会变得路径熟悉。有的学生会在脑海中出现"提取最佳路线"，因为存储时的功夫下得深！

越是有逻辑地思考问题，问题的褶皱就会越多，提取时的特征就越明显，也就越不容易遗忘！

3. 教不越位，学要到位

数学课堂中的过程性词语"经历、体验、探索"就生动刻画了学生学习数学需要的投入因素。而在实际的课堂中，更多的是我们老师的越位，手把手帮学生做，就怕他们不懂，忽视或者忽略了学生的能力。久而久之，这种"温水煮青蛙"式的教学方式剥夺了学生探索世界的能力。越位造成的后果，就是大量时间被耗费，教师很累，学生更累，最累的是那些陪听的学优生，他们需要不断地探索未知世界，却被你（自认为在帮助学生的老师）磨掉了学习的热情与欲望！

三则观察报告，三种课堂观察聚焦点。从中可以看出，教师做课堂观察可以从易到难，从关注一个学生到逐步学会借用理论视角来审视学生的学习过程。这三种思路并不是简单的并列关系，教师可以选择使用。哪怕全程只观察一个学生，也是需要带着理论视角去进行的。

[一点建议]

初学者可以模仿他人的课堂观察，成为"熟练者"以后，需要遵循课堂观察的规则和方法，逐步提高研究水平。

先要明确研究的目的和观察的问题，选择观察对象，并记录好课堂学习资料，而后对教学现象做初步分析，得出结论。将所得结论提供给参加研讨会的教师和执教教师做参考，为后续改进教学设计提供实证性材料。最后，开展新一轮课例研究，再做课堂观察与分析，完成两轮研究。

要研发一些适合具体学科和研究需要的小工具、小技术。在体育课等活动类教学中做课堂观察，会碰到学生"位置"随时变化的难题以及被观察对象"丢失"的尴尬。南汇四中的教师想出了解决办法，在学生后背贴上像运动会号码纸一样的"姓名纸"，可以避免对象"丢失"。用手机拍摄学生的学习过程也是常用的方法。把学生的面部表情拍摄下来，可以看到从紧张到平静再到愉悦的过程，比用文字记录便捷得多。

如何做课后访谈

💡 [问题呈现]

教师是一项需要经验承载的工作，教育经验越丰富，开展教育工作越顺手。但是，教育的不确定性导致有时候经验会成为一种"负担"，用经验判断课堂故事、学生心理、人际关系，可能会出现偏颇。就如一些优秀班主任撰写教育故事，常常会反思自己的教育教学行为与客观事实不符，由此告诫自己要谨慎下结论。

于是，我们想到了找学生谈话了解真相和校正判断，甚至以此反思自己的教学是否有问题。

📖 [案例析评]

课后访谈是一种常用的调查研究，它有助于深入了解学生的真实想法，从而为发现问题、分析问题、解决问题提供可靠的证据。

一、即兴访谈

1. 用即兴访谈发现问题

因为参加新优质学校的中期评估，我走进了一所小学的课堂，这里的教师执教了一节校本课程展示课《欧洲古城堡》。教师从介绍欧洲的两种古城堡——哥特式城堡和罗马式城堡开始，让学生认识城堡。教学的最后环节是学生以小组为单位用积木搭城堡。教学设计的目的是"活动中学习，合作中学习"。

离我最近的一组学生有六个人，我发现他们在搭积木时没有全身心投入，眼光有点呆滞，毫无兴奋可言。这有违常理，引起了我的好奇。于是，我对离我最近的一位男生做了即兴访谈。

问：小朋友，你们搭的是什么城堡？
生：哥特式城堡。
问：为什么搭哥特式城堡？
生：我们昨天搭过的。
问：昨天搭的是哥特式城堡，那今天换一种城堡试试，好吗？
生：不行，老师说的。

通过访谈，我找到了学生没有全身心投入也不兴奋的原因，问题不在学生身上，而是教师的教育观有偏差。没有挑战的课堂，只有模仿与顺从！

2. 用即兴访谈寻找经验

好的课会给学生留下难忘的印象，对学生有持久的影响，甚至延绵一生。

王晓叶老师在内蒙古自治区赤峰市克什克腾旗上了一节研究课《函数的初步认识》。这是一次教育峰会上的研究课，前来观摩学习的教师站满了教室。来自宁城的卜玉芬老师也是数学教师，对这节课观察得很仔细，课结束后还不忘做了一次即兴访谈。

卜老师撰写的文章《深度学习是如何发生的——对初中数学"函数的初步认识"的课堂观察与分析》详细叙述了访谈内容。

下课了，我和小邓同学一起走出了教室。我及时采访了她，请她谈谈这节课的感受。她说："太爽了！从来没上过这样爽的课！"

我不知道一个"爽"字在孩子心里有多大分量，更无法计算出这个"爽"字值多少分。但是，我知道这个"爽"的过程一定会给孩子留下刻骨铭心的记忆，甚至追随学生一生。哪一天突然回忆起这节课，她的嘴角依然会露出甜蜜的微笑。或许对枯燥的数学课有了新的认识和兴趣。原来数学课还能这样上呀！

一节课结束后，学生感觉"爽"，非常难能可贵。小邓同学的一个"爽"字，初看与分数无关，与教育评价无关，然而，的的确确就是"以学生为本"的体现，就是教育理应追求的目标，就是最朴实无华的评价。

小邓为何感到"爽"？因为孩子的学习过程充满了温馨、安全的氛围。教室里很安静，一个个小脑袋都在静悄悄地忙碌着，或严肃地阅读，或皱着眉头思考，或快速地写着什么，或几个人轻轻地说着话，没有紧张，只是从容，他们的目光是温和的，语言是轻松而柔软的，态度是谦和而自足的。王老师慢慢地在学生中间转着，时而侧耳倾听，他的步伐也是轻松而舒缓的，他不会让大家停下来大声说什么，只会和一个学生或一组学生比划着什么，或轻轻地说着什么，非常宁静。这就是学习共同体所追求的课堂——安静、安心、安全、润泽。这就是宁静的课堂的力量。

如果说"搭城堡"的访谈发现了问题，那么，"函数的初步认识"的访谈为教师寻找经验提供了一个证据。

3. 对即兴访谈的评析

2016年12月13日，陈静静博士在上海市南汇第五中学上了一堂基于"学习共同体"理念的语文课，在很多方面表现出了不同寻常的特质：首先，陈静静博士在语文教学方面不是"科班"出身，她不是严格意义上的语文教师；其次，她从来没有接触过这个班的孩子，班上的多数孩子是我们所说的"弱势学生"，无论是学习兴趣还是学习成绩都相对低迷；再次，她希望两节课连上80分钟，谁都不知道这对40分钟都难以坚持的孩子来说意味着什么；最后，她选择了自传体小说《佐贺的超级阿嬷》中的一章来教学。

这一章有115小节之多，内行的语文教师着实为她捏了一把汗——长文不好上，这是经验。更何况听课的除了五中的全体教师，还有很多外校的教师。这样的课，挑战性是不容置疑的。陈静静博士课后也说，她着实挑战了一次自己。

我是现场观察员，照常在课后找身旁的学生做了一次即兴访谈，问"你喜欢这样的课吗？为什么喜欢？"这位女生爽快地回答："喜欢，好玩呗！"

学生说"好玩"，这与我做课堂观察得到的印象是一致的。如果说教学过程可分三个阶段，那么大致是这样的：第一阶段，学生们还比较拘谨；第二阶段，学生们进入学习状态；第三阶段，学生们很自然、很放松、很投入，脸上充满好奇和喜悦。"小脸通红，两眼放光"，这种状态不是一般的教学能够达到的。

好玩是一种境界，一种高水平学习的境界，是对那种有违学习本质、有违教育本真的"浅教学"的反思，是对高难度、多例题、快节奏教学的批判。深受"玩物丧志"四个字的影响，我们视"玩"为洪水猛兽，极尽批判之能事。

不会玩的学生将来一旦需要"会玩"时，可能已经晚了。说不定某一天我们又会提出"体能素养"的新名词，却说不清楚许多素养是怎样丢失的。回到本课的教学来剖析，会玩是表象，会学是追求。何况在知识技能的教学以外，还有思维、人格的教育，还有学科方法论和哲学范畴的方法论，需要通过教学给学生以积淀，让学生学习如何交往、言说、倾听，如何挑战学习直至一切困难，这与知识技能的教学同等重要。

陈静静博士的课看似以"玩小说""玩人物描写"组织教学，其实背后有深厚的学理做承载。尤其是在教学方法、组织形式、流程等显性要素的背后，有正确的教育理念在起作用。

听课的教师都在课后说到这堂课对自己的促进。南汇第五中学的沈校长在微信上写道：超级教师颠覆传统课堂，超级课堂阅读"超级阿嬷"，学困生神奇地发挥超常，必须赞！

二、结构访谈

我在第二天中午对陈静静博士执教《佐贺的超级阿嬷》这节课的班级学生做了问卷调查。把问卷调查的结果告诉该校倪老师，希望她做一次访谈。我提供了一份其他人的访谈调查供她学习参考。令人欣喜的是，倪老师当了十多年教师，以前没有独立做过调查访谈，但这次完成得非常好。

倪老师对该班的班主任施老师和学生做了个别访谈。访谈在宽松的气氛中进行，没有压力。倪老师注意到需要给访谈设置一个安全的环境，所以避开了嘈杂的办公室，在走廊里进行了一对一的访谈。学生和班主任的回答应该是真实的。

1. 访谈记录

第一位：班主任施老师　地点：教师办公室

问：陈静静老师课后留下的那本书《佐贺的超级阿嬷》现在何处？有多少学生看过？

施：那本书平时就放在教室后面的公共书柜里，起初学生热情高涨，争抢着要看那本书，尤其是上完课那会儿，学生很好奇书名是什么，于是抢着看。陈老师上完课后的那个星期，我让学生写了篇周记，有几个学生谈到上了陈老师的课后，激发了他们的阅读兴趣，准备要买书看了。更让人高兴的是，小程变得与以往有所不同，他竟把家里的一大摞书带来学校和同学们一起分享，这点让人感到很意外。我想这是陈老师的课带给学生的影响吧。

第二位：小程　地点：教师办公室

问：平日爱看书么？《佐贺的超级阿嬷》这本书里的什么内容吸引你以致看了两遍？

小程：读小学时，不怎么看书，家里也没多少书看。我觉得那本《佐贺的超级阿嬷》很好看，有意思，我自己没有外婆，她过世早我没见过。还有，书里讲到的生活经历都跟我老家的生活很像，所以看着看着就想起我以前在老家时候过的生活。我是在每天中午自习课时看这本书的。

问：你把家里的书带来与同学们分享，这是为什么？

小程：是的。因为我看到同学们在上了陈老师的课后都对看书很感兴趣，看他们在抢，是不够看吧，我家里也有一些书，所以就带来了啊！有《世界通史》《中华美德百字经》《读者》……（还说了这些书的价钱，如数家珍。）

问：喜欢陈老师这样的上课方式吗？为什么？

小程：嗯，不喜欢。因为上课时我背后的老师太多了，很挤的，反正就是不喜欢很多老师在教室里。

问：如果只有陈老师一个人呢？

小程：那还好。

问：哪里好？

小程：这节课好多同学都回答问题啊，老师也比较和蔼可亲。

第三位：小宁　地点：教室走道旁

问：平日爱看书吗？如果看，会看些什么书？

小宁：会看些，但常常不能静下心来看书。看得比较多的是漫画，比如《爆笑校园》，很好玩，很好笑。

问：陈老师的那本书，你看了两遍，是有什么特别的内容吸引你了吗？你读过更厚、更好看的书么？

小宁：因为好看才看的，我没有看过更好看的书了。里面讲到第二次世界大战，那时日本人民过着很困苦的生活却很快乐，那种乐观的精神让我很佩服，日子那么苦还能过得很快乐。还有里面的外婆我觉得很有趣，我自己也有外婆，她在种地，人很纯朴，反正和文中的那个外婆很不一样。

问：你用了多少时间看完那本书的？最近会看些别的书吗？

小宁：差不多加起来五六个小时就看完了，我在学校中午休息时看，在家里也看,对了,回家乘公交车时也看,所以很快就看完了。之后,等有些同学也看完了这本书后,我又拿来看了一遍,我发现看书太有意思了!最近有书就看,没书就不看。

第四位:小熊　地点:教室走道旁

问:喜欢陈老师上的那节课吗?为什么?

小熊:不喜欢,有很多老师在,所以我很紧张。

问:如果没有旁边的老师听课,只是陈老师给大家上课,喜欢这节课吗?为什么?

小熊:不喜欢……因为这个老师太温柔了,有点不习惯。

问:温柔不好吗?你以前的老师又是怎么样的?

小熊:我们小学五年级的老师在我们犯错后就让"蹲马步"的,还让罚抄《开国大典》这篇课文,很长的。

问:你喜欢蹲马步和被罚抄?

小熊:也不是,反正不习惯。

问:相比以往的课,陈老师的课还有哪些地方让你不习惯?

小熊:让我们围起来坐。

问:不好么?我看你那天被点名朗读,结果没读,后来别的同学帮你读了,当时为什么不读?

小熊:我有个字不认识。

问:如果当时这个字认识的话,你会读那个语段吗?

小熊:我其实想读的,但是被别人读去了,如果不是围起来坐的话,我就有机会读了。

问:你是说,围起来坐的话,发言的机会就会被别的同学抢去了?

小熊:嗯,有点。

第五位:小许　地点:教室走道旁

问:平时爱看书吗?陈老师的那本书你喜欢吗?

小许:以前不爱看书,家里爸爸妈妈不给我买书看,他们都忙于工作,我妈是个工作狂。我在家里要忙家务,烧饭洗碗洗被子。陈老师的那本书我觉得好有趣,那几天我们班不断有人在看,不过大家只是看了个书名,他们不爱看书,贪玩。我准备再看一遍。

问:喜欢的理由是?

小许:我外婆在我很小的时候就去世了,看这本书时,我觉得自己不孤独,也很向往有这样的外婆。我没看过这么好看的书。

问:最近有看些别的书吗?

小许:看啊,我这几天在看《哈佛的青春不迷茫》,上了陈老师的课后,我带着妹妹每周六或者周日去文化中心的图书馆看书。

问:谈谈陈老师的课吧。

小许:我觉得这节课让我懂得了不要胆小,要勇敢举手发言;座位也很有趣,是分小组的,我们可以互相问答,有不懂的问题还可以问旁边的伙伴。

2. 对访谈的初步分析

陈静静老师在南汇五中执教了 80 分钟的长课《佐贺的超级阿嬷》后,引发了学生强烈的阅读兴趣。然而,大部分学生未能持续这股热情,这一现象不能不引起我的思考:这堂课为什么能引发学生强烈的阅读兴趣?从阅读兴趣的激发到阅读习惯的养成,语文课该做些怎样的调整或者引导?

探讨一,关于教材的选编。

当我访谈两位将《佐贺的超级阿嬷》读了两遍的小程和小宁,还有即将再读第二遍的小许时,他们三人不约而同地谈到文章里的外婆"很有趣""有意思"。再看小宁说的:"里面讲到第二次世界大战后,那时日本人民过着很困苦的生活却很快乐,那种乐观的精神让我很佩服,日子那么苦还能过得很快乐。"可见,"有趣"和"有意思"与学生的阅读兴趣成正相关。

以此反观语文教材的选编,可以剔除很多平庸的篇目,精选经典篇目。著名学者钱理群教授评价说,我们语文教材的选编基本停留在 20 世纪 60 年代的水平，可谓一针见血。

语文有教参，本来是为教师的教学提供参考，不料却成为"标准答案"的出处，既束缚了教师拳脚的施展，也把学生引向"考试高于一切"的歧路。

陈老师的这节课有教参吗？没有。那么，陈老师备课吗？备的是什么？答案是，在对教学内容充分把握和深刻解读的前提下，她更关心的是"备学生"。用她的话来说，"让从来不开口的学生开口"，田农老师对此评价为"极为重要的教育价值观"，我深以为然。

探讨二，关于阅读兴趣和习惯的培养。

阅读究竟有多重要？吴非老师说，"人的高贵源自教养，教养则来自'精神底子'"。学生时代的阅读是为人生"打底子"。苏霍姆林斯基说，一个不阅读的孩子是潜在的"差生"。他曾试用过许多手段来促进学生的智力活动，最终得出的一条结论是：最有效的手段就是扩大学生的阅读范围和阅读量。

三、访谈调查的意义

从上面的例子可见，教师学做访谈有两种主要方式：一是即兴访谈，二是有结构的访谈。倪老师做的访谈预先有准备，有访谈提纲，属于有结构的访谈。

两种访谈的目的都是了解学生的真实感受。对小熊同学的访谈是因为他在课上回答问题时"卡壳"，站在座位上没有把课文读出来。如果没有访谈，我们常常以"学困"两字妄下结论。然而，事实不是这样的。他因为有一个字不认识，所以没有读出来。这是一个打开"学生学习的黑匣子"的例子，对课堂观察中还存疑的问题可以通过访谈使其"显性化"。

我在做问卷时，有两个学生说"不喜欢"陈静静老师的课，我感到有点纳闷。通过访谈发现，这两位学生是因为身后坐了四位教师而对课堂心生排斥。如果课前有交流，征询学生的意见，可能会减少学生的排斥。

倪老师通过访谈对语文教学提出了两条建议，这是访谈带来的思考和反思。访谈本身不是目的，对访谈结果进行分析、引出思考、提出教育主张才是目的。

有结构的访谈常常以问卷调查作为前提，即以答卷上的结果为线索从中选择合适的访谈对象。

对教师来说访谈并不难，关键是需要遵循学界的规范，做到价值中立，防止先入为主。教师不能带太多的主观意愿，对有利于自己结论的资料大力搜集，对不利于自己结论的资料视而不见、有意排斥。违背客观真实性，访谈就会"失真"，搜集到的证据也会失效。

[一点建议]

因为对调查研究的认识不全面，我们往往以为问卷调查就是调查的全部，忽略了访谈调查。

说访谈调查不难，是因为上述事例已经证明即使是初学者也可以做得很好；说访谈调查有点难，是因为如果学做"质的研究"，对访谈的要求就会比较高。可以阅读陈向明教授的《如何做质的研究》，学习领会"质的研究"的方法技术。

访谈的目的是把"隐性"的问题做"显性化"处理，使问题显现出来，以便设想解决的办法。

如何做问卷调查

💡 [问题呈现]

因为有关大数据分析的研究盛行，所以有教师试图搜集大数据作为研究基础。我阅看课题设计后存疑，普通教师要走进其他学校做调查很难，除非你和教研员合作做研究。如果只是用现成的数据做研究，教师很难甄别这些数据的真伪。

面对两个班级的教学，教师做自己班级学生的全样本调查是比较容易的，虽然数据不多，但也能说明问题。

📖 [案例析评]

一、对全班学生的课后问卷调查

芮火才老师做过一次调查研究，很有水平。他只是调查了自己学校六(1)班的学生，获得的数据资料就足以支撑他的研究。希望这篇问卷调查文章能够给一线教师带来一些启发。

学生眼中的窦桂梅老师（节选）

芮火才

作为一个从来没有教过语文课的外行，出于对语文教学的兴趣和对窦桂梅老师的仰慕，有幸在自己的学校观摩了窦老师执教的《晏子使楚》（两课时）。

尽管我听了窦老师的课有许多的感受和想法，有不吐不快之感，但还是不想直接表达对窦老师执教的《晏子使楚》的看法。一是因为虽然我也能讲出一些"道道"来，但毕竟"隔科如隔山"，有班门弄斧的嫌疑。二是因为评课时我很少听到学生的声音，所以想搞点"创新"，试图作为学生的代言人表达他们对窦老师教学的一些看法，我也"趁机"对学生给予窦老师的评价进行一些肤浅的"解读"。

我对窦老师所执教的六（1）班的28位同学进行了问卷调查，并进行了个别访谈。调查问卷的主要内容为：为窦老师上的课打等第（分"好""较好""一般"和"较差"四个等第），并写出相应的理由；给窦老师提三条建议。调查、访谈的结果大致如下。

一、学生对窦老师的赞美

有75%的同学认为窦老师上的课"好"，这说明大多数同学对窦老师的课评价较高。这部分同学对窦老师上的课极尽溢美之词，有些同学还在问卷调查表的上课等第"好"之前加了"非常"两字。评价用得较多的词有"充满热情""声情并茂""耳目一新""与众不同"等。

学生甲说："窦老师上课真精彩，眉飞色舞，手舞足蹈，好似唱歌跳舞一样，让人看了觉得非常有趣，不觉得枯燥乏味，大家上课才能精神抖擞。"

对于以感性认识为基本特点的学生而言，老师上课首先要有趣，能吸引人。那么，老师靠什么去吸引学生？从窦老师的身上，我们至少可以看出三点：一是充满激情。窦老师上课自始至终热情高涨，非常投入，怎能不感染学生？二是语言基本功扎实。窦老师的语言不仅正确流畅、生动活泼，而且富有强烈的节奏感和韵律美,学生听了自然感觉很舒服。三是富有表演才能。正如有些同学所讲的那样,她像个"相声演员","眉飞色舞,手舞足蹈",到了这样的境界,学生怎能不被深深地吸引……

学生乙说:"窦老师的课就像那开封了的米酒,一闻很香,再一品尝,那更让人难以忘怀,回味无穷。她那美妙的歌声,不禁让人浮想联翩。她的与众不同更是她走向成功的钥匙。"

所谓的"一闻很香"实际上指的是窦老师的良好形象和气质给学生的第一印象,所谓的"再一品尝"指的是课堂教学过程中学生和老师的双边活动,所谓的"难以忘怀,回味无穷"就是学生上课后的感受。对于学生而言,主要是窦老师的教学方法让人"难以忘怀,回味无穷"。首先,窦老师上课不是照本宣科,而是结合课文补充了许多与教学内容相关的知识,开阔了学生的眼界,拓展了他们的知识面。其次,窦老师对课文所表现的主题把握得很紧,挖掘得很深,旁征博引,设计独特。最后,许多人上课虎头蛇尾,但窦老师到快要下课时出人意料地高歌一曲,力图画龙点睛,让人耳目一新。

二、学生对窦老师的意见

有21.4%的学生认为窦老师上的课只能达到良好等级,还有3.6%的学生认为她上的课一般。这说明还有少数学生对窦老师上的课还不够满意。这些学生不满意的原因到底是什么?看了下列两个同学的评价意见,也许我们能找到答案。

学生丙说:"窦老师上课的内容很丰富,形式也很新,大大扩展了我们的历史知识、课外知识。她的课给予我们无限想象的空间,总是带领我们从不同的角度来思考同一个问题,燃烧起我们想表达自己见解的渴望。可是窦老师性子直爽,哗啦哗啦地讲,反应快的人思维活跃,越学越有劲儿,而反应稍微慢一点的同学就跟不上。窦老师讲课像急促的河流,其实,在一些地方适当停一停脚步,会有意想不到的惊喜与发现。"

大多数学生对窦老师的课上得太快太多有意见。据统计,窦老师两堂课共上了96分钟，而她自己讲了60分钟，占总时间的62.5%，学生讲话的时间（包括读书、回答问题和讨论）为32分钟，占总时间的33.3%，而学生非表达时间只有4分钟，占总时间的4.2%。虽然我不能确定教师上课的表达时间多少比较合适，但62.5%似乎高了一点。

窦老师为什么两课时上了96分钟，而不是80分钟？为什么花了96分钟还要讲得这么快、这么多？在我看来，窦老师主观上（至少在潜意识里）是想努力向学生特别是听课教师展示她的课堂教学和语文教学的理想境界。如果上课时间短一点、自己少讲一点，似乎就不能完整地体现她的语文教学思想，不然完全可以"悠着点"。

学生丁说："虽然窦老师讲课声情并茂，但她提的问题我总是不知道是什么意思，也没有几个人回答，而且从一件事联想到非常远的地方，我也不知道是怎么回事。"

"她提的问题我总是不知道是什么意思"虽然失之偏颇，但一部分学生对窦老师提出的问题在理解上确实感到比较困难，这是事实。主要原因有二：一是窦老师提的问题特别多（共43个），且提出问题后让学生思考的时间特别短。据统计，窦老师提出问题后让学生思考的时间最短的为1秒，最长的为14秒，平均为5秒。在这么短的时间里理解窦老师提出的问题当然容易"不知道是什么意思"。二是窦老师提出的部分问题比较深奥，超出了学生的经验系统所能支撑的水平。

三、学生对窦老师的建议

全班28位同学每人给窦老师提出了三条建议，我对其进行了梳理。这些建议主要集中在四个方面。

（1）就师生关系而言，同学们认为："无论您到什么样的班级上课，不管同学们是机灵的，还是沉默寡言的，您都应该让他们成为课堂上的主角，而不是被动的"；"希望老师能多与我们沟通，了解我们，像朋友一样，才能把课上得更好"。

（2）就老师教态而言，同学们认为："您夸张的动作可以少一点，温柔的举动多一些";"肢体语言不要过于夸张";"讲到精彩时不要太激动";"有时,人应该要委婉一些,这样会更好";"最好让人感到朴素、自然一些"。

(3)就教学内容而言,同学们认为:"您选材时可以根据各个年级的理解程度去选,这样同学们会更好理解些";"内容不宜太多、太丰富";"您问的问题难度应该放容易一些,不然我们会回答不出来"。

四、几点思考

看了学生们对窦老师的评价,可以引发许多思考,这些思考有的是关于语文教学的,有的是涉及整个教育教学工作的。

思考一:评课不能缺少学生的声音。

我们在传统的评课中几乎听不到学生的声音,主要是认为学生没有能力和水平评课。诚然,学生不会像我们那样去评课,更讲不出"理论""原理"之类的话,但如果我们因此就认为学生没有能力和水平评课,似乎逻辑上又讲不过去。学生毕竟是教学双边活动的直接参与者,他们不能评课又有谁能评课?就是从事实上讲,相信您看了学生对窦老师的评价后,不会再对学生的评课水平产生怀疑。当然,学生评课使用的是他们的"话语系统",比较感性,但不乏真知灼见,也是我们评课的重要资源、重要基础或者至少说是重要参考。实际上脱离具体的学生和学生的具体感受对一堂课评头论足,有时只能算是纸上谈兵。

思考二:教师的教要为学生的学服务。

不同的学科虽然有不同的个性,但老师的教永远要为学生的学服务,是必须共同遵守的原则。不然,学生的主体作用如何体现?学生的自主意识如何发挥?又如何才能做到"教是为了不教"?这样的服务包含教师对学生学习需求的深入了解,对学习目标的正确定位,对学习内容的准确把握,对学习方法的科学选择,对学习评价的仔细研究。这样的课也许不会很好听,也许不是很好看,也许老师的许多意图得不到很好的落实,但为了学生又何妨?教师的水平主要不是体现在如何"教"上,而是主要体现在如何为学生的自主学习提供合适的服务。

思考三:"深入"必须"浅出"。

教师对文本进行深入的挖掘和研究是必需的,从某种意义上讲是挖掘、研究得越深越好。但问题是如果只是"深入深出",学生必定因为难以接受而"消极防守",当然也就失去了"深入"的价值,有时反而给人"卖弄""作秀"的感觉。"深入"进去能够"浅出"才是"深入"的价值所在。之所以要"浅出",不仅是因为要考虑学生的生活经验和知识水平,更重要的是只有通俗易懂,才能心领神会。对于教师而言,"深入"的功夫是指对教材的理解水平,表现的是教师的学科专业知识水准;"浅出"的功夫是指教师将深奥的内容加工后呈现给学生的水平,表现的是教师的教学艺术。"深入"是"浅出"的基础,"浅出"才能体现"深入"的价值。

我外出讲课,常常给教师推荐芮火才老师的微型课后调查。这份调查蕴含的价值和意义非凡。我认为,这是一篇水平非常高的文章。窦桂梅老师是全国知名的小学语文教师,对窦老师的课顶礼膜拜也是顺理成章的事。对名师的课怎样评判是一个难题。只有膜拜而没有思考分析,说明我们还处在思考的初级阶段。这篇课后调查不是在否定窦老师的地位、知名度,而是要说明即使是名师的课也有研讨的余地。

芮火才老师的这篇课后调查给了我们诸多的启示。他很巧妙地用调查的方法搜集数据资料,以此作为评析名家的课的证据,免得读者产生误会。这种方法运用得还不多,因为我们习惯用自己的经验来判断教学的优劣高下。

课堂观察、问卷调查和课后访谈,是教师常用的三种调查方法。仔细想想,芮火才老师设计的问卷不难,就两个大问题:为窦老师上的课打等第(分"好""较好""一般"和"较差"四个等第),并写出相应的理由;给窦老师提三条建议。这是一种半开放式的调查,有选择题,也有问答题。两者结合使用可以相得益彰,使调查尽可能真实、可信。

这样的调查问卷容易设计和实施,对日常工作繁忙的教师来说,容易进行很重要。对数据的统计分析也不难,因为数据不多,不会占用大量时间。

二、对《佐贺的超级阿嬷》的课后调查验证了教师的判断

受到芮火才老师的启发，我在南汇五中做了一次课后问卷调查。陈静静博士上了《佐贺的超级阿嬷》一课后，我们的课堂观察员都感觉她的课上得好。那学生的感受是否一样？学生是怎样想的？是赞成这种授课方式，还是不赞成？如果赞成，理由是什么？如果不赞成，理由又是什么？这是本次调查的主要目的。

调查采用半开放问卷形式，题目有三个，允许学生不写姓名，以尽量保证客观性。调查时间为 2016 年 12 月 14 日，是陈静静老师上课的次日中午学生休息时。地点在七（2）班教室，每个学生在座位上填写。座位一行行单列，学生之间有一定的距离，作答是个人独立完成的，可信度比较高。

发放问卷 22 份，回收问卷 22 份，完成作答 21 份（一位学生那天请假没有上学，所以没有作答），问卷有效。

第一题：你喜欢这节不同的课吗？说出理由。

第二题：给陈老师的建议是什么？

第三题：给陈老师的课打几分？说出理由。

调查后的分析如下。

喜欢陈静静老师课的学生占了约 90%，而且喜欢的理由充分、合乎逻辑。

问卷中"安全"成了学生的首选词，看来有不安全感的教学是学生最为排斥的，其他如温馨、和蔼、可交流都是我们实践学习共同体课堂追求的教学目标。有一位学生对课堂的评价是"激发了读书兴趣"，与课后研讨中教师肯定的地方相一致。这说明教师的教学艺术——暂时不告诉学生书的名字——起到了非常理想的教学效果。我们一直认为，教学就是要解决学生的所有问题，也许不是最好的选择，至少不是唯一的选择。留下悬念，让学生有阅读的冲动，堪称艺术处理的高超技术。

学生的打分也很有意思。打 100 分的学生明显有愉快、向往的情感。而扣分的理由也很有意思，希望教师不要骄傲。几个学生的理由一致，不知道

是不是在历来的教育中"受教育"的沉淀?

有两位学生不喜欢这节课,从作答还很难看出原因何在。做了访谈后才知道,他们两人不喜欢课堂观察员坐在身边,而且觉得听课的人还比较多。最认真对待问卷的学生是丹丹,她是最后一个交卷的。一张4开的白纸上,她写了足有350字。她很喜欢这节课,理由很充分,感觉课堂安全温馨,有家的感觉。

三、问卷调查还可以运用到教学设计中去

陈华老师教了一节语文教学研究课。他在课前做了一次有关预习单的调查,并在文章《个别化学情分析:深度学习的前提——以〈愚公移山〉为例》中记述了这次微型调查。①

教《愚公移山》一文之前,笔者与部分学生闲谈时便大致了解到学生对于"移山"这样的举动颇有印象。于是,笔者就设计了围绕"移山"二字的预习单。预习单内容如下。

《愚公移山》预习单

班级:　　　　　　姓名:

1.愚公决心移山的原因是什么?(可用原文回答。)

_____

2.你如何看待"移山"这一行为?请在下面横线处写下理由。

移山之举真可谓(_____)矣。

3.读了这篇课文,你有什么疑问需要老师和同学们帮忙解决的,请写下来。(至少写两点。)

---

① 陈华,黄建初.个别化学情分析:深度学习的前提——以《愚公移山》为例[J].湖北教育(教育教学),2019(8).

（1）_____

（2）_____

（3）_____

通过预习单，笔者发现同学们在答前两题时是能够顺利完成的。特别是第一题，全班的同学都知道愚公移山是因为二山挡住去路、出入迂回。至于第二题，同学们的回答则是各有各的道理，观点也各有不同。

在对预习单的统计中发现：第二题中，认为移山真好的有六人，认为移山是壮举的有四人，认为移山很难的有四人，认为移山很荒谬的有五人，认为移山很厉害的有一人，认为移山真是迫不得已的有一人。

虽然大家的说法不一，但大家所写的理由之中有近18位同学都在字里行间透露出移山是十分困难的认识。但大家对移山之难的认识有深有浅。有的学生说得颇有道理，有的同学则是没有充分挖掘文章中的词句。移山具体难在哪里？文章中表现移山难的词句有很多，同学们各有各的见解。因此，"移山难在哪里"这一问题是可以成为课堂中的基础性问题的。

结合学生们填写预习单的情况，笔者在课堂学习单中设计了两个问题。

（1）很多同学认为移山是很难的事情。你觉得"移山"到底难在哪些方面呢？（尝试独立完成，写下具体难处并在书上进行圈画，请于五分钟内完成。）

（2）既然这么难，为什么不采取其他的措施，而非要移山呢？愚公是不是很愚蠢啊？（团队共同完成此题，要以文章内容为依据，组内可以求同存异。如果有不同观点，请在发言时结合文章各自说明。）

第一题是基础性问题，学生解答此题不难。第二题是冲刺挑战性问题，需要充足的讨论时间，然后通过研讨交流尝试完成。

讨论的过程中，有的学生从文中找到相应的词句，证明应该搬家而非移山。也有同学在文中找出相应的词句，证明作者写愚公移山并非想要说这件事而是想借此事来赞颂愚公的精神。你来我往，好不精彩。综观课堂，不论从学生提出问题还是到讨论再到交流，学生们积极思考、解决疑难，自始至终都处于主动者的地位。

　　陈老师这节课的成功之处是教学设计符合课标要求，围绕基础性问题与冲刺挑战性问题展开教学，旨在走向深度学习。课前的预习单起到了解学情的作用，这样的学情调查分析已经从对全班学生整体的学情分析走向了个别化学情分析的新境界，为教师的教学变革提供了样例。

[一点建议]

　　调查研究是教师从事科研活动的主要研究方法。问卷调查是教师易学可用的常见方法。它有助于深入了解学生的真实想法、感受，逼近教育真相，发现原来没有发现的问题、经验。

　　学做微型问卷调查不难，教师要做个有心人，从模仿起步，进而走向熟练化。问卷调查针对自己所教的（观察的）班级的学生人数不多，这样做全样本调查也比较容易。

　　对调查结果的分析需要教师花费时间、精力，尤其需要找到理论视角来剖析事实，这样才能提高问卷调查的水平。

调查研究的阅读与借鉴

[问题呈现]

教师反映能够阅读到完整的研究报告的机会不多,那些公开出版的研究报告集往往做了删节处理。

这里引用一位高中物理教师撰写的调查研究报告,呈现整篇文章,旨在保留完整的研究过程,以供阅读与借鉴。

[案例析评]

作者苟士波老师参加了浦东新区青年教师科研骨干培训班的学习,我和张娜老师是苟老师所在小组的指导老师。他初选的课题是"高中物理教学改革的行动研究"。我告诉他一年的学习时间做这个课题会比较局促,建议他先做一下调查研究,为后续研究打下基础。

那年,我正好参加了台湾嘉义大学主办的教育学术研讨会,得到了嘉义大学刘祥通教授的研究报告"探究小学六年级学童百分率问题之解题历程"(《2011年海峡两岸中小学教育学术研讨会——师资培育与教育组织革新》)。我把这份报告交给了苟士波,让他参考学习。刘教授的报告与我们常见的报告在选题、方法、结果与结论上呈现出明显的不同。

刘教授的报告好在什么地方呢?这里引用上海市教科院普教所杨玉东研

究员在报告会现场的点评说明，他认为刘教授的研究有五个"实"：一是选题——务实型，小而深；二是文献——扎实型，由远及近找问题；三是方法——实证型，用数据说话；四是结果——实录型，详尽思维描述与分析；五是结论与建议——实际型，具体可操作。五个"实"，杨研究员抒发为："好一个'实'字了得！"

杨研究员由此引出的话题是：中小学教师的教学研究和课题研究应该如何进行？选择怎样的主题（是宏大还是微小）？文献研究有必要吗（是研究的基石还是堆砌的乱石）？方法上有讲究吗（是服务于目的，还是程序性罗列）？结果如何表述（是思辨还是描述）？结论与建议如何提出（是天马行空还是大小贴切）？

他还说，引出的更多思考是，中小学的教育研究与大学的教育研究有何不同？具有针对不同群体的不同研究吗？是"谁"在研究？这个"谁"需要怎样的研究？杨研究员的点评入木三分，直指研究关节处。

刘教授的研究报告与杨研究员的点评呈现了实证研究的思想、程序和方法，值得借鉴。

苟士波在借鉴刘教授调查研究的基础上做了本土化改良，没有停留在简单模仿的层次，而是以思考和反思为基础，做了一次很好的调查研究。难能可贵的是，他得出的四条结论基于证据，是一次实证研究的历练。

顾泠沅研究员说过，高水平的调查需要情境设计、价值中立和两难选择。运用习题作为调查问卷的题目，在数学、物理学科中很常见。习题的调查比较真实，一般不会失真。

"内高班"学生电路分析计算问题解题过程的调查研究

苟士波

一、问题的提出

电路分析计算问题是指在掌握电路的基本概念下，利用电路的基本规律，来解决一些电路的实例问题。电路的分析计算问题是物理学科中的基础内容。一方面，它在生活中应用得非常广泛，与我们日常生活中的用电问题有着密切的联系；另一方面，学生可以依据此类知识认识或设计实用的电路，它为学生的创造发明提供直接的帮助。笔者在教学过程中发现，在高中物理学习阶段，学生在解决电路计算问题时表现出的差异较大，题目得分的标准差值较高，即使答对的同学思维脉络也有明显差异；学生在解题过程中究竟遇到什么困难、问题出现在解题过程的哪一步，这应该是教师需要重视和理清的问题。

《普通高中物理课程标准》中提出的物理课程改革的目标要求"努力改善训练方式：重点引导学生建立正确的解决问题的思路，经历合理地解决问题过程"。由此可见，要改变过去"重结论轻过程"的训练方式，强调学生经历问题解决的过程。解题过程是指当个人面对问题时，尝试将问题与以往经验加以整合，拟定解决策略，以期突破阻碍达成目标的过程。现代认知心理学研究指出，解题过程主要有转译、分析、探索、计划、执行、验证六个阶段。电路分析计算的解题过程中，必须先理解文字内容或图像信息，再构思解题思路，进入转化成物理信息并执行计算，一环套一环，每一步都影响着学生是否能成功解决问题。

本研究借由笔者所设计的问卷，并配以访谈形式来分析学生对电路分析问题的解答过程，从中寻找学生解决问题时的思维脉络，理清学生在解题过程中的错误思维和困难何在，确认错误和困难出现在解题过程的阶段，分析出现该情况的原因，并在调查结果的基础上得出结论、提出建议，以期本次研究的成果能为以后教师在电路分析计算问题的教学活动中提供参考依据。

二、调查研究的概况

1. 调查研究对象

本研究是以上海南汇中学内地新疆高中班（后文简称"内高班"）的高

二年级学生为调查研究对象,选取全样本共99人参与问卷调查,其性别构成为:男生40人,女生59人。民族构成为:维吾尔族83人,哈萨克族14人,柯尔克孜族2人。继而根据问卷完成的情况,选取10名学生为访谈对象。

2. 调查研究内容

通过文献解读了解学生解题过程中的思维表现,并由此分析学生解决电路分析计算题的现状,并根据现状来制定学生问卷及访问提纲;通过对学生问卷的调查和个别学生的访谈来深入探讨学生解决电路分析计算题的思维脉络,对调查和访谈的结果进行分析与讨论,并据此归纳改善教学方式的建议。

3. 研究方法

本研究主要运用问卷调查法和个案研究法。

三、调查研究的实施过程

1. 调查问卷的编制与实施

(1)调查问卷的编制。

根据《上海市中学物理课程标准》和《上海市高中学业水平考试考试手册》,其对于电路在高中的要求是"掌握串并联电路的基本特点,对简单的串并联组合电路分析计算",对于电路分析计算的要求达到的学习水平为"C级——掌握",即以某一知识为重点,联系其他相关内容,分析、解决简单的物理问题。参考国内各版本的教材和学业水平考试试卷,自编《学生电路分析计算题的问卷》,共四大题12个小问题,其中涉及电路知识的有欧姆定律、额定功率、串并联电路的特点等;按照题目的考查内容可以分为六种类型,并在六种类型中再区分出"难"和"易"两种程度。学生问卷的具体结构如下表所示。

表1 学生电路分析计算题的问卷内容

考查内容	难易程度相关的题目号码	
	易	难
U、I、R 的关系（欧姆定律）	1	9
额定功率和实际功率的区别与计算	7	2
串并联电路的特点（两并一串）	6	5
串并联电路的特点（两串一并）	4	3
开关闭合与断开对电路的影响	8	10
滑动变阻器对电路的影响	11	12

（2）问卷调查的实施。

调查问卷在高二年级三个班中发放，共发放99份，回收问卷99份，其中有效问卷98份，有效率为98.99%。

2. 个别访谈提纲的制定和实施

（1）访谈提纲的制定。

在访谈过程中，注重了解学生在解题过程六阶段中的表现，判断标准如下。

①转译：学生对阅读问题的陈述，能发现问题提供的条件和达到的目标。

②分析：通过对文字内容和电路图像的理解，将问题进行简化或重构，初步明确条件和目标间存在的关系。

③探索：尝试应用电路的特点和规律建立问题的条件与目标的联系，若不成功，需要回到分析的步骤。

④计划：依照成功的联系，制定解决问题的步骤。

⑤执行：运用适当的方法，如数学运算能力，推导出问题的目标。

⑥验证：对自己解决问题的结果和过程进行评估。

（2）个别访谈的实施。

对研究对象施测完成后，归纳和整理学生对于各类型题目的正确率，即解题正确同学和解题错误学生的解题类型；继而选取正确率较低的题目及出现典型错误（亦包括未作答）的学生为访谈的内容和对象；采用一对一的形式，针对学生问卷上某一性质的问题进行深入访谈，并在以"转译—理解—计划—执行—反思"为解题过程的构架下，配以学生问卷中的解题纪录，明确区分学生错误和困难出现的阶段，现场对学生的困难加以针对性的引导，观察学生能否顺利完成解题。

四、调查结果分析与讨论

1. 问卷调查

（1）对回收的全部有效问卷进行批阅处理，得到如下数据结果。

表2　问卷中各题的得分率

题　号	1	2	3	4	5	6	7	8	9	10	11	12
答对率	95%	38%	35%	38%	62%	78%	80%	72%	80%	45%	45%	38%

从问卷的调查结果看出，得分率偏低的题目有：考查学生"串并联电路的特点（两串一并）"的题目（题号3、4）；考查学生"额定功率和实际功率的区别与计算"的题目（题号2）；考查学生"滑动变阻器对电路的影响"的题目（题号12）。根据调查结果，笔者确立2、4、12为需要对学生进行个别访谈的题目。

（2）访谈对象的选取：将问卷的得分情况分段排列，并计算出各段人数比例，按照比例从中抽取访谈对象。

表3　抽样学生问卷完成情况

学　生	题　号											
	1	2	3	4	5	6	7	8	9	10	11	12
S1	○	×	×	○	○	○	○	○	○	○	○	○
S2	○	○	○	×	×	○	○	×	○	○	○	○

续表

学生	题号											
	1	2	3	4	5	6	7	8	9	10	11	12
S3	○	×	×	○	○	○	○	○	○	○	○	×
S4	○	×	○	○	○	○	○	○	×	○	×	○
S5	○	×	×	×	×	○	○	○	○	○	×	×
S6	○	○	○	○	○	×	×	○	○	×	×	○
S7	○	×	×	○	○	×	×	×	×	×	×	○
S8	○	×	×	×	×	×	○	×	○	×	×	×
S9	○	×	×	×	×	×	○	×	○	×	×	×
S10	○	×	×	○	○	×	×	×	×	×	×	×

在上表的统计结果中，选择如下学生进行访谈。

①访谈"串并联电路的特点（两串一并）"题目时选择：S2、S3、S7、S9。

S2：答对9题，答错3题，该生物理学习表现优异，面对难题时勇于挑战，并努力学习多种方法来解答题目。

S3：答对9题，答错3题，表现积极、善于思考、乐于尝试。

S7：答对5题，答错7题，"串并联电路的特点"题目一对一错，乐于思考、喜欢提问。

S9：答对3题，答错9题，尤其是"串并联电路特点"题目中"两并一串"和"两串一并"题目均错误；常常单线思考问题，遇见难题常常失败，但善于表达。

②访谈"滑动变阻器对电路影响"题目时选择：S3。

S3：答对9题，答错3题，表现积极，善于思考、乐于尝试。

2. 个人访谈调查

由于篇幅所限，本文选取五位学生的访谈记录来说明学生在解题过程中的表现。

（1）内高班学生"串并联电路的特点（电流角度）"题目的解答过程。

题目4：有两个小灯泡 L_1、L_2，它们的额定电压和额定电流分别为："9V　0.5A""6.3V　0.3A"。现用两个电阻 R_1、R_2 与两个小灯泡组成如图的电路，并且电路两端的电压均为 U=18V。试问：当小灯泡在两个电路中都正常发光时，电阻 R_2 消耗的电功率 P_2 为多大。

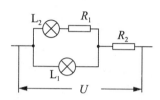

①访谈对象：S8、S9。

S9：先求出 L_1 的电阻，即 9/0.5=18Ω。

S9：再求出 L_2 的电阻，即 6.3/0.3=21Ω。

S9：然后……其他的两个电阻都不知道了。

T：你先求出两个电阻是为什么？

S9：题目中已知的条件。

学生 S9 在了解题意后，并没有对电路图进行分析整理，马上进入了探索阶段。他从题目已知量出发，先计算出两灯泡的电阻，发现两电阻与 R_2 并无直接的联系，由此因果联系中断，最后放弃解题；学生 S8 在探索过程中，选用了顺推的方法，由于题目中的用电器较多，很难找到各用电器之间电阻的关系，因此从已知到结果的路径很难找到。在这一解题过程中，学生 S9 对于探索策略了解得较少，方法比较单一，若能引导学生采用逆推法，则成功的概率会提高。另外，在探索的过程中，学生 S9 只从电阻的角度来研究问题，忽略了电路中电压或电流的方向，也可引导学生从不同的角度来尝试。

②访谈对象：S3。

S3：先把已知量标在图上。

T：为什么要标上电阻呢？

S3：嗯……电阻需要计算一下。

S3：R_2 的电压等于总电压减去 R_1 的电压。

S3：R_2 的电流等于左边这一块电路的电压，电压等于9V，总电阻可以求出来是 11.25Ω，所以总电流是0.8A。

S3：R_2 的功率等于电压乘以电流。

访谈过程中，学生在了解题意阶段基本没有遇到障碍，对于题目中的文字内容和图像都可以理解。在分析阶段，学生能分辨出已知及未知量，并且在对题目进行分析时，会借助标记的方法协助接下来的探索阶段。在探索阶段，学生倾向于从电阻上找出电路的关系，因此在图上可以看到许多学生将电阻关系标记出来，而电压和电流关系则未标出。这一阶段中，学生也更倾向于使用欧姆定律求出未知量。

（2）内高班学生"串并联电路的特点（电压角度）"题目的解答过程。

题目2：电源电压 U 为8V，定值电阻 R_2 为 4Ω，小灯 A 上标有 "4V，0.2A"、小灯 B 上标有 "12V，0.3A" 的字样。电路接通后，小灯 A 恰好正常发光。求：小灯 B 的实际功率 P_B。

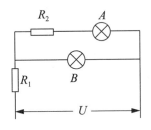

①访谈对象：S7。

S7：B灯没有正常发光，A灯正常发光。

S7：A的电压就是4V，所以B的电压是4V。

T：你是怎么想的？

S7：因为总电压是8V，8V-4V=4V。（学生用笔在电源上画了一笔，接着在A所在支路画一笔，最后在B所在支路画一笔。）

T：那A、B间电流的关系呢？

S7：哦，不对，好像电流关系是这样的。

解：
1）$R_B = \dfrac{12V}{0.3A} = 40\Omega$

2）$P_B = \dfrac{U_B^2}{R_B} = \dfrac{16}{40} = 0.4W$

图1　学生S7第2题的解题记录

学生S7的解题过程如图1所示。从访谈中发现，学生S7能够完全了解题目陈述的内容，并能解释双引号内的数字所表示的含义；在对陈述内容进行分析时，能够分辨出电路中各用电器的连接关系，并准确说出了A和B的工作状态；在探索阶段，学生S7由已知条件判断应该从电压的角度来解决该问题，但在尝试建立A和B的电压关系时出了错误；在笔者说明并启发后，学生S7顺利地拟订计划；但在执行计划时又出现数学计算错误；学生完成题目后并没有进行验证。

②访谈对象：S2。

S2：要求B的功率要先求B的电压和R_2。

S2：知道A的电压，所以我可以用比例法求出R_2的电压。

S2：因为R_2的电阻比A的电阻是1:2，那么电压之比也是1:2，所以B的电压是6V。

T：R_2和A的两个电阻分别是多少？

S2：R_2 的电阻是 4Ω，A 的电阻是 8Ω，哦，不对，是 20Ω，所以比例应该是 1:5。

学生 S2 在了解题意后，在探索阶段，利用比例法来解决题目，解题的角度独特新颖，但在执行阶段计算数据时却出现了错误，导致不能得到正确的答案。从学生 S2 的解题记录中可以看到有明显删除和涂改的痕迹，这可能是学生在解题时忽略了计划阶段或计划不够完整所造成的；另外，该学生在解决相关的两题时，出现了不同的结论，即前后存在矛盾，但他并没有在验证阶段发现这一明显的失误。

（3）内高班学生"滑动变阻器对电路的影响"题目的解答过程。

题目 12：电键 S 闭合后，若将 R_3 的滑片 P 向 a 端移动，整个电路消耗的功率将如何变化？为什么？（需写出判断的依据。）

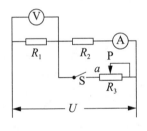

访谈对象：S3。

S3：我先将电路图进行简化。

S3：电阻 R_3 是……减小了，所以 R_2 和 R_3 组成的电路的电阻就减小了。

T：这是为什么呢？

S3：不论串并联，一个电阻减小，总电阻减小。

S3：所以总电阻减小，总电流增大，根据 $P_总 = U_总^2 / R_总$，所以总功率增大。

S3：或者也可以总电压不变，总电流增大，总功率增大。

学生 S3 能准确了解题意，在进入分析阶段时将电路图进行了重新分解组合，将原电路图简化成串并联关系明显的电路图，为接下来寻找各用电器的关系提供了方便；在探索阶段，由于此题有比较明显的正向思维导向，即由原因到结果的推论，因此学生 S3 在探索过程比较顺利。再辅以电路的常用规律，可较快地得到答案，可见对于顺推法学生运用得比较熟练。在探索过程的结尾处，学生 S3 从两种角度得到了答案。通过分析学生们的问卷及访谈，学生常出现的错误有未能正确判断滑动变阻器变化、未能从整体来研究电路等。在执行阶段，学生 S3 对题目结论的表述较为随意，在完成解题后，亦没有对结论进行验证。

五、结论

综合以上的研究结果，对于内高班学生在解答电路分析计算问题时的过程得出以下结论。

1. 转译和分析阶段

内高班学生在此阶段并不存在因为题目以非母语表述而出现对题意不能理解或理解错误的状态；在分析阶段也会将电路拆分成小电路来理解。

在访谈的过程中，所有学生都能准确说出题目中文字表述、数学符号、电路图像所表达的意思。学生 S7 能清楚地表达题目中"双引号"内所表示的物理量的意义，学生 S2 也能清晰地表达出"额定功率"和"实际功率"的区别；在学生了解题意后，遇到阻碍时能够对题意进行分析。例如：学生 S3 通过将电路拆解后重新组装，画出自己更易理解的电路图，因此学生在这两个阶段思路清晰，遇到困难亦会积极分析，基本能顺利完成这两个解题过程。

2. 探索阶段

内高班学生在探索的过程中，缺乏程序性知识和策略性知识。程序性知识是指解题的关键所在：串并联电路中电压和电流的规律；而缺乏策略性知识，导致有些学生在建立已知条件和结论的关联中方法单一。

学生 S7 在解题过程中，出现了将电压和电流的规律混淆的情况；而有学生则认为灯 L_1 和灯 L_2 的电压相等；在高中阶段的学习中，教师按照自己的经验，认为这些知识初中阶段的学生已经烂熟于心，而实际情况是学生在解决电路问题时都能说出这些规律的内容，但运用时却很难将"口诀"与问题相连接。在对学生S9的访谈过程中，笔者发现学生的策略性知识很少，因此在遇到困难时往往因了无头绪而放弃；而学生S2则会以不同策略来解决问题，往往表现得较自信，也较易突破困难、理清思路。

3. 计划阶段和执行阶段

内高班学生在解决电路问题时往往忽略计划阶段或将计划与执行混为一谈，在执行阶段也常出现数学运算上的错误。

对于学生问卷的分析，笔者发现许多的问卷出现大量的删除符号或修正液的痕迹；有些学生阅题后便提笔执行解题任务，说明学生在解答电路分析计算问题时，往往不注意解题计划的制订，导致做了许多无用功；在执行阶段中，许多学生没有呈现关键步骤，往往重视结论而不重视执行的过程，而在执行的过程中常常遇到的错误是数学运算，结果的表达也常常不符合数学表达的习惯，如分母中含小数、错误的科学记数法等。

4. 验证阶段

内高班学生在解电路分析和计算题目时，并没有养成验证结论的习惯。

在所有学生的访谈中，无一学生对于自己的答案进行过验证。在电路的计算问题中，可以从很多角度（如电压、电流、功率等）来验证自己的结论。在学生S9的访谈中，当笔者问及"你可以判断你的答案是正确的吗"，他迅速表现出明显的不自信和对自我的否定。此细节反映出学生既缺少对结论进行验证的意识，也缺乏这方面的能力。

六、建议

1. 落实物理课堂实验教学要求，注重学生探究物理规律的过程

学生在解答电路分析计算问题时，对于规律的认识很充分，却很难有感性的认知，也很难把理论和实际相连接，出现了学生S7认为L_1、L_2并联和学生S9认为电流是三个用电器之和的错误。这说明在实际问题中，物理教学中"空投"的理论很难引起学生的共鸣。因此，建议在教学物理规律的

时候，应该鼓励学生在实验中总结和摸索规律，引导学生经历规律发现的过程，知晓规律来源于实践，又反作用于实践。

2. 在电路分析计算的教学中，引导学生遇到困难时多角度思考、多策略应用

对于电路问题可以从电压、电流、电阻、功率等多角度进行探索，因此，在教学过程中应鼓励学生从不同的角度切入问题来探索已知条件和结论之间的联系。当学生在探索的过程中遇到困难时，建议引导学生采用不同的策略来寻找因果关系，如顺推法、逆推法、假设检验法、手段目标法等。因此在电路计算教学时，建议加强培养学生应用不同策略和方法的能力。

3. 加强培养学生对解题结果进行验证的能力

学生得出答案后就结束解题，缺少了验证答案合理性的过程。验证过程可以促使学生发现自己在执行阶段中的错误，帮助学生加深对物理知识的理解，加强学生多角度思考、多策略应用的能力。学生在解题时，很少对自我进行评价。建议教学中鼓励学生对自己获得的结果进行评价，一般可对答案进行验证、对过程进行验证、采用不同策略进行验证等。

[一点建议]

普教科研的成果集很多，但是往往为了出版而压缩文字篇幅。一旦压缩，删去的是研究的过程性资料，留下的是说理性文字。理论好懂，但缺少对研究过程的阐述，如何操作不见了，教师要学习就比较困难。

苟士波老师的研究说明，把那些优秀的研究报告作为范例让教师阅读学习，需要保留完整性和叙事性。

因借鉴范例而形成一项好研究的实例还有，如刘姣老师阅读学习了邹爱萍的研究报告《意深·辞工·句备——基于〈斑羚飞渡〉的教学引导语的研究》后，做了一项课例研究《高中语文生成性教学的课例研究——以鲁迅小说〈药〉为例》。

如何做前后测及数据分析

💡 [问题分析]

在日常进行教学设计或开展课例研究时需要诊断学情。一般情况下，很多资深的教师会根据其教学经验，对学生的已有学习经验和学习新内容所遇到的困难进行判断，这是从教师的角度寻找学生学习的起点和难点。这样的做法有其合理性。

但根据经验所做的判断和认识有时并不全面，或者只知道大概的情况，而不能准确地说出不同学力水平的学生的差异到底在哪里；或者只看到学生学习困难的现象，而不知道其真正原因。根据有效教学的理论，教学是否有效，关键要看学生学习的效果，也就是学生学习的进步或发展。教师"教得有效"，只能体现在学生"学得有效"上。

📖 [案例析评]

那到底如何基于证据来评判学生的学习效果？在此，可以使用前测与后测的方法来尽可能客观地获得学情。一方面，可以通过前测和访谈等方法，基于事实和证据来诊断学生的学习起点与学习困难；另一方面，通过对前测与后测结果的比较，可以获得学生在知识、技能和方法等方面的变化与发展。

前后测的作用是什么？美国著名教育心理学家奥苏贝尔在其最有影响的著作《教育心理学：一种认知观》的再版扉页上写道："如果我不得不把教育心理学的所有内容归纳为一条原理的话，我会这样说：影响学习最重要的一个因素就是学习者已经知道了什么，确定了这一点，就可据此进行教学。"也就是说，前后测的第一个作用是帮助我们获得学生的已有经验和现有水平，确定教学的起点。

前后测的第二个作用是帮助我们获取学习的资源，如学生的前概念、错误概念等，也就是说找出学生对所学主题或内容的学习困难所在。西方大量有效教学的研究表明：若教师只向学生呈现正确的观点，学生的习得率是非常低的（仅在5%左右）；只有充分重视学生先前的知识和经验，甚至误解，在此基础上进行教学设计，课堂教学才能有的放矢，效率提高。

前后测的第三个作用是可以用数据评价教学效果，为教师的教学改进提供证据。从学生发展的角度来看，教学是否有效，关键是要看学生是否有进步或发展。有效教学的相关研究指出，教学的效果要看学生学习的"增量"或"位移"，即学生在学习前与学习后的变化。可以说，进行前后测是获得学生具体学习情况的一种必不可少的评价方式。

前后测的形式可以多样化，比如纸笔测试、口头测试或者动作技能测试等，具体选取哪种形式，需要根据学生年龄特点、所教学科和学习内容等确定。纸笔测试由于便于教师或研究者搜集数据和分析数据，是目前使用较多的一种形式。

下面通过具体案例予以说明。

一、设计前后测——小学数学"周长"教学中的前后测试题

在教育科研中，为了比较前后测的结果，前测与后测的试题一般应完全一致。为避免课堂的练习效应，前后测试题不适合在教学中出现。

在一次由科研人员和中小学教师组织的小学数学课例研究活动中，为了诊断学生在学习新课"周长"时遇到的困难和教学效果，为研究课的教学设

计和改进提供建议与思路，研究中运用了前后测的方法。前后测可以在一个班级中进行，也可以在同年级的几个不同班级进行。下文的前后测数据，来自上海市浦东新区一所小学三年级同一个班级的学生。

根据布鲁姆的教育目标分类，我们认为在初步学习周长的概念时，可能涉及记忆、理解、应用、分析等多种认知能力。相应地，研究小组设计了如下四道前后测试题。

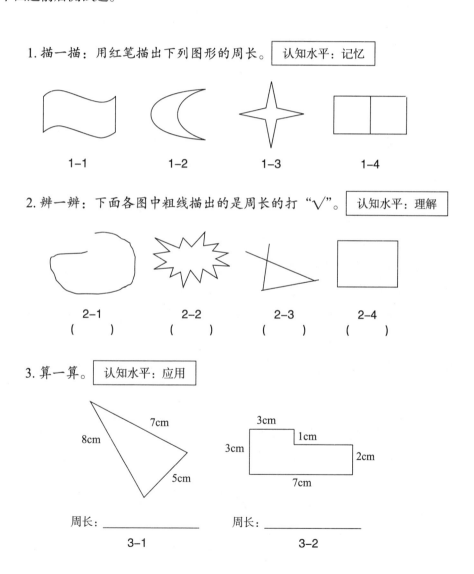

第二单元　方法有依循 · 123

4.比一比：下图长方形被分成甲、乙两个部分，试比较两个部分的周长，并写出你的想法。 认知水平：分析

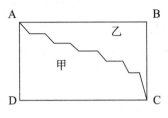

甲周长○乙周长

我的想法（可用文字或绘图表示）：

二、前测数据分析

根据题目和学生的作答情况，对于前测数据主要进行量化分析，如果题目是开放或半开放型时，也可以进行质性分析。

如前测试题中的第4题，学生的错误类型如图1、图2和图3所示。从这三个学生的错误中，可见学生在三年级上学期已经学过的面积对即将要学习的周长产生了负迁移，他们都是在比较甲、乙两个图形的面积大小。

甲周长 > 乙周长

我的想法（可用文字或绘图表示）：从此图中，明显看到甲周长>乙周长。

图1　学生甲前测第4题答案

图 2　学生乙前测第 4 题答案

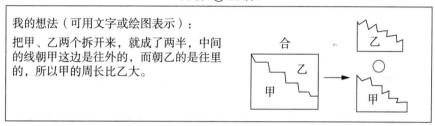

图 3　学生丙前测第 4 题答案

通过质性分析，我们还发现，在第 1-4 题中，学生容易把图形的内边视作周长；在第 2-2 题中，学生会认为曲线围成的不是周长，直线围成的封闭图形才是周长。

与质性分析相比，量化处理可以用统计图直观、明晰地显示学生在每道题目上的正确和错误率，如图 4 所示。

通过质性和量化两种前测分析，研究小组对学生学习周长的基础，主要是潜在的学习困难做了如下判断。

（1）除第 4 题（测试题需要学生的认知水平处于高阶思维）外，前三道题目的正确率都在 63% 以上，可认为大部分的学生初步理解了周长的含义，即围绕平面图形一周的长度叫周长。

（2）记忆和理解了周长概念不等于会应用周长概念。第 3 题中应用周长概念计算图形周长，错误率分别是 21% 和 37%，有两名学生的第 1 题和 2 题全对，但第 3 题全错。

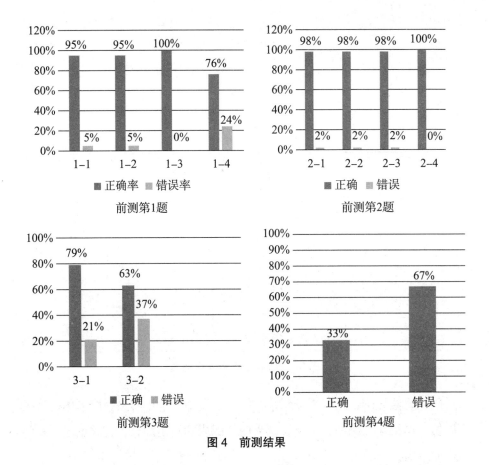

图4 前测结果

（3）把面积和周长混淆。面积的学习对认识周长产生了负迁移。学生的错误认识是：面积大的，周长大。前测第4题，全班42人，正确率为33%，错误率为67%。

前测给我们的启示是：理解周长概念是本单元教学的重点和难点，要围绕基本概念进行教学，教学活动设计中要重点加强：通过描一描、围一围、辨一辨、量一量等操作活动让学生积累认识周长的经验，理解周长的含义；通过量一量、算一算等，应用周长概念解决一些实际问题；通过观察、比较等活动，减少面积对周长学习的负迁移。

三、前后测结果比较分析及教学启示

为了直观、清晰地显示学生前后测的差异，可以运用统计图对前后测的结果进行量化处理。

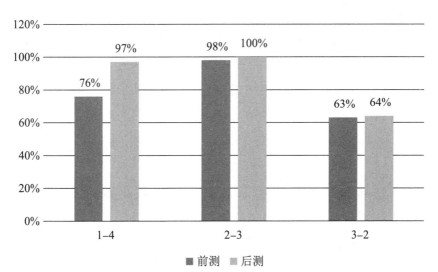

图 5　部分试题前后测比较

如图 5 所示，在这样的统计图中，直观形象地显示了学生前后测的成绩表现，条形图也直观地显示了前后测之间的差异，为研究人员和教师的教学反思和改进提供了相关信息与数据。从图 5 的数据可以看出，第 3-2 题，学生前后测的结果没有发生变化，也就是说，经过教学后，该班学生应用周长概念计算图形周长的错误率仍然比较高，这就促使研究人员和教师要寻找这个问题产生的背后原因。结合课堂观察发现，实际教学干扰了目标的达成，后测出现错误的学生除了粗心漏算一条边或者计算错误外，主要是因为没有真正理解周长的概念。

多位观察员发现，本次教学由于执教老师是借班上课，观课教师也比较多，学生周围坐满了观察员。这三个客观原因导致的直接结果就是：第一，上课教师的活动区域被限制在讲台与最前排之间，缺少对动态学情的整体观察；第二，举手发言的基本都是对周长已经比较熟悉的同学，要么课外学过,要么成绩优秀;第三,由于是借班上课,执教老师不太了解班上每个孩子的具体学习情况,教学中不能很好地根据学情进行临场调整和应变,造成课堂上的话语权基本被"学霸"占据了。整节课的重点成了求周长不同算法的展示。学生展示的多数是利用"平移"的方法求周长,而不是最基本的利用周长概念来计算。

经过研究,我们给出的教学改进建议如下:一是关注学生,及时发现学生学习中暴露的错误并及时反馈;二是将认识周长的概念作为重点内容,放低对不同算法的要求,把重点放在让学生理解周长并学会利用周长概念来计算规则和不规则图形的周长;三是落实"少即是多"的理念,对课堂"学习单"做减法,减少一道关于"荷花池"周长的计算题,把时间用在计算花园的周长上。

当然,如前文所说,前后测结果只是了解学生学习成效的一个途径而已。为了深入了解学生的学习,尤其是个别学生的学习情况,还需要通过访谈、课堂观察等方式多搜集学生学习的资料和数据,只有这样才能寻找教师的教学与学生的学习结果之间的关系,为教学改进提供有价值的建议。

四、前后测到底好在哪里——参与研究教师的认识

前后测对教学设计的价值到底有多大?对转变教师的教学观念和教学方式到底有没有用?具体表现在哪里?参与研究的教师在课后研修中表达了自己的想法和感受。

1. 小学数学老师朱老师——从前后测的数据对比中反思教学问题

为了了解学情,我们事先在三(5)班进行了前测和对部分学生的访谈,并且通过前测题的数据整理和分析来制订教学计划,让教学更贴近学生实际情况,解决学生的学习困难。

在教学后测中,后测结果直接反映了教学的有效性。在计算图形的周长

这部分，如第 3-2 题的前后测数据分别是 63% 和 64%。看到这个数据，我们都在思考教学实践中的哪个环节出了问题？通过课堂观察和课后讨论，发觉学生对于周长概念的掌握还是有欠缺的，特别是在实际运用过程中会出现周长和面积混淆的问题，尤其是平时学习能力较弱学生的错误率更高，这也是教学实践中需要重点改进和解决的问题。

2. 小学数学老师麦老师——针对前测中的发现设计教学活动

在进行三年级数学"周长"一课的集体教学活动前，我们首先在班级中就"周长"的相关概念开展了前测和访谈，发现占了班级大半的中等生对于周长的这一概念有着我们意料之中和意料之外的反馈。

意料之中的是对于简单图形的周长感知（包括判断、描、算），绝大部分同学都能够掌握；同时，对于概念的内化与辨析（周长与面积），的确存在一定的理解困难。

意料之外的是对于有些错误，学生可能只是未能理解题意，我们在访谈中只是借助简单的几个提示和他们交流，一部分学生就能够对于题目做出自我修正。但是这样的修正仅仅是针对这道题目，还是对概念的内涵有所理解了，这还需要继续观察。

针对前测中暴露出的问题，教师可以在课堂教学中加以调整。学生尤其是中等生在前测中出现的问题有：在计算非规则图形的周长时，有学生把图形所有的边相加时只加了图形中标出的边的长度，而对没有直接标示的边则有所遗漏。针对这样的情况，教师在教学时可以引导学生关注："仔细观察你的算式，你算的周长包括哪些边呢？是不是这个图形的周长呢？你能用手指一指或用笔描一描吗？"这样的细节处理围绕"周长"的定义展开，可以在一定程度上让一些漏算边长的学生自己去发现错误。

3. 作为本次课例研究导师的我认为前后测有助于打开学习黑箱

联系前测结果，该班学生整体情况比较好，在前测试题"描周长""辨周长"中，正确率基本都在 80% 以上，也就是说，大部分学生已经知道了周长的概念。前测发现的问题是 65% 左右的学生还没有真正理解周长的概念，还不会运用周长的概念计算图形的周长。并且，从前后测对比分析以及课堂观察结果看，三年级上学期图形面积的学习对周长的学习产生了负迁移，有的学生把周长等同于面积计算，有的学生认为面积越大，周长越大。

针对这样的学习起点，周长的教学设计还需要增加操作、体验活动。比如，课后可让学生选择合适的工具测量身边物体的周长，不断丰富和积累有关周长的经验，真正理解周长的概念。

此外，课堂教学如何保障学优生的学习权利也成为本次研究的一个关注点。从学优生小丁、小乔和小楚的课堂学习观察和后测情况分析看，三人对周长概念的认知程度与前测结果一致，达到了理解和应用的水平。而且，三人都至少掌握了两种计算图形周长的方法：一是利用周长的概念计算图形周长；二是应用平移的方法创造出规则图形并根据图形的特性计算周长。也就是说，现有的学习任务并没有超出他们已有的经验和能力，课堂上的学习活动对他们来讲，只是运用既有的经验和能力就可以完成任务，没有挑战性。

其实，班上的学优生不止三位。如前测中第 4 题是比较甲、乙两个图形的周长，全班 42 人中共有 14 人做对，正确率是 33%，是前测试题中正确率最低的一道题。也就是说，即使是最难的一道题目，仍有三分之一的学生学会了。他们已经通过各种途径，提前认识和理解了周长的概念，而且能应用周长的概念来解决问题。这就给教学提出了挑战：对这三分之一的学生，我们课堂上提供什么样的学习任务或学习活动，才能够让他们实现学习的"增量"。否则，如何保障这部分学生的学习权利？

[一点建议]

使用前后测时需要关注以下几点：一是前测和后测的题目相同，对测试题编制的要求较高。试题的质量对教师能否获得所需的数据有着决定性的影响。二是为了避免练习效应，测试题不宜放在课堂中进行训练。三是由于前后测关注的是学生"两头"的学情,所以对学习过程的评价不够。四是前后测主要采用定量分析,得到明确的数量型结果。这种量化的分析,虽然可以显示学生答题的正确率,清晰地显示学生知识与技能方面的进步情况,但却看不到学习动力、态度、同伴交流与合作等方面的具体学习问题。

因此,如果要准确知道每个学生的学习困难并体现在教学活动的设计上,还要结合对质性资料的分析,如通过课堂观察获得学生课堂上独立学习与小组协同学习的表现,对课堂上作业或学习任务单的完成情况以及测试题的具体内容,甚至包括学生的访谈结果进行综合分析,这样才可以比较全面、客观地把握学生的整体情况和个体差异。

(本文作者:杨海燕　上海市浦东教育发展研究院科研员)

第三单元

扎根在职场

一个是时代性,包括研究内容符合时代的要求,研究的方法也需不断更新。另外一个是实践性,即一切的研究都要从实际问题出发,结果是务求真效。如果说这些年来我们还有一点点遗憾的话,那就是空洞的议论多了一些,盲目的照搬多了一些,实践求证少了一点。

——顾泠沅

教师把理论运用到自己的课堂教学中去,实现教育改进的"临床"实践。这个实践的过程中,教师对理论有了新认识、新运用、新成果,此时就特别需要把自己的实践经验用文字表达出来。从"明言知识"到"默会知识",再从"默会知识"通过写作变成"明言知识"弥足珍贵。我以为这就是"理论联系实际"的教学模式。

——黄建初

如何做经验的总结与提炼

[问题呈现]

经验总结不等于工作总结。工作总结与经验总结是两个不同的概念。

日常工作中，我们已经习惯了写工作总结。工作总结写成两部分：我们是怎样做的，以及做了以后有什么效果。如果缺少思考和反思，工作总结往往就成了"流水账"，缺少内在的逻辑，显得零乱、分散。工作总结中效果的取得，也常常是随意"粘贴"，缺乏与工作之间的因果联系，经不起逻辑的推敲，也难以经受科学的检验。

把工作总结做成经验总结，让经验在提炼的过程中得以聚焦、凸显、提升，使经验更具有科学性、普遍性，这是总结教育经验的目的和意义。

学界的认识有分歧。有一种观点认为，经验总结不是一种研究方法，这可以从教育研究方法的某些专著中得以证明。另一种观点则认为，教育经验总结法是教师的科研方法。如果没有了经验总结法，教师的科研之路会狭窄难行。还有专家把教育经验总结法归入调查研究的大类之下，是用经验总结搜集证据。

📖 [案例析评]

一、经验总结可依据行动研究而展开

做经验总结需要有对工作的思考，凸显对问题的聚焦和分析，如我碰到了什么问题，这个问题的实质是什么，我因此做了什么，做了以后的效果怎样，现在还想到了什么。在经验总结中，贯穿着的是思考和反思。工作中有没有思考和反思，会有很大的区别。思考和反思体现的是认识的深度、观察问题的高度和角度，即站得高，高屋建瓴；看得深，入木三分。

那年我参加特级教师评选，得到前辈傅老师的指导，他给了我一本《师风 师德 师魂》，这是上海市从1978年到1998年20年间54位获得荣誉称号的特级教师集体撰写的经验总结。① 开篇是于漪老师的文章《奉献——教师的天职》。我一篇篇阅读，觉得每一位教师的经验都值得学习。我看到傅老师在书上面做过批注，对我怎样做经验总结起了指导作用。

那时我已经担任区科研主任，从事科研指导、管理、研究工作，对研究方法有所领悟。我在书中读到金志浩先生撰写的《用心探索语文教学的成功之路》，感到这篇总结几乎就是一篇叙事的行动研究报告。

他从问题与假设开始阐述。

我发现议论文写作是高中学生的薄弱环节，思路混乱、议论空泛已成为不少同学的通病。如何尽快改变现状，切实有效地提高学生的议论水平，引起了我深深的思索。从20世纪70年代末开始，我便有意识地开展议论文写作教学的研究。我先是系统地揣摩了教材中的议论范文，感到学生如果能真正读懂教材中的议论文，能学习和借鉴文章的议论方法，对提高议论水平是大有帮助的。也就是说，"教材引路"，可以带领学生进入写作之门。随后，我选择了《简笔与繁笔》和《中国人失掉自信力了吗》两篇文章，分别作为

---

① 上海市中小学幼儿教师奖励基金会.师风 师德 师魂［M］.上海：上海教育出版社，1998.

立论和驳论的写作范文，引导学生在理解思想内容的基础上，去探索议论文写作的一些规律。

他进而阐述过程与方法。

高中学生一直感到驳论文难写，我用"教材引路"，使他们从鲁迅的《中国人失掉自信力了吗》一文中，悟得了驳论文写作的"三步法"：第一步抓"突破口"批驳，一针见血；第二步正面立论，针锋相对；第三步引据论证，深入批驳。

"教材引路"，目的性明确，"引"得自然，"引"得恰当，无疑能使学生"得法"。一旦"得法"，他们便悟得了作文的某些规律，当然，这"法"绝非僵化的陈式。如前所述，我系统地研究了教材中的议论文。就以如何提出论点或导入论题来说，也绝非一种模式。我曾用12篇课文为例，归纳了12种方法向学生介绍：（1）开门见山，提出论点（《善于建设一个新世界》）；（2）针对看法，提出论点（《简笔与繁笔》）；（3）摆出论据，提出论点（《散文重要》）；（4）解释概念，提出论点（《义理、考据和辞章》）……

除了从教材中汲取写作营养之外，我感到现今报纸上发表的随笔、杂感、短论，是学生学写议论文的另一类"范文"……

怎样证明教学效果？金老师用了两种事实证据：一是学生习作的发表与获奖；二是学生自己的内心感受。

在短短半年间，全班已有朱华年、黄倡、赵悦、任泳、薛磊、于滢等同学在《新民晚报》《青年报》《中国少年》《上海邮电报》等报刊上发表了16篇文章。赵悦同学在1994年4月22日《新民晚报》发表的《他们是谁》一文中这样说：为报刊写文章已成了"曹杨二中高三（4）班里的新流行"。班级由此形成了一个小作者群。学生作文实际能力的提高，在1994年全市作文竞赛中也得到了证明。在那次作文大赛中，全班共得了四项奖，朱华年以

《我眼中的潇洒》一文荣获一等奖，浦丽蕴等三名同学获得了三等奖；而朱华年、于滢、浦丽蕴等同学，在毕业之后，还在报纸上相继发表了《等车的女孩是美丽的》《最后一餐》《我看流行》等多篇文章。

……

至今，我记得任泳在《写作实在很开心》一文中抒发的感受：尽管从未想过将来是否当个作家，但无论如何，能将心中的感受、纷繁的世界、多姿多彩的人生变成一段段优美的文字，实在是一件很开心的事情。捉住灵感，用真情实感去写、去生活，我相信一生都会过得很快乐！

最后得出研究结论。

写作不再是为了完成老师布置的要求，已成为同学们自己在实际生活中表情达意的需要，成了一件很开心的事情——"小作者群"正是这样成长起来的。朱华年在考入大学后的第一个教师节寄给我一张贺卡，上面写着：金老师，尽管与您相处仅仅一年，但是您让我在写作上有了新的认识。没有您的鼓励，我大概不会去投稿，我其实是一个很害怕失败的人，特别是在写作上。

我想朱华年所说的"有了新的认识"，是指我在写作上给予她的启发和帮助，实际上正源于我在培养学生具有真才实学方面的认识和探索。

如果说，努力使学生"得法于课内，得益于课外"是一种教学思想和方法，也是一条通向语文教学的成功之路，那么，以真诚的感情热爱学生，用心点燃学生智慧的火花，是踏上成功之路的保证。这条路确实很长很长，作为一名语文教师，我感到是需要跋涉一辈子的。

金老师总结出的经验其实也就是教学规律，其他教师如果这样做，也会产生同样的效果。"得法于课内，得益于课外"是一种教学思想和方法，也是一条通向语文教学的成功之路，以真诚的感情热爱学生，用心点燃学生智慧的火花，是踏上成功之路的保证，学生说写作成了"很开心"的事情。

阅读金先生的文章，可以感到他的学术素养，一篇总结就是一篇叙事的行动研究报告，值得学习。我学习金老师的撰写方法，把之前已经形成的初稿修改成三段论式的总结，把语文教学改成教育科研，形成了我的经验总结成果，"把科研变为大面积提高南汇教育质量的抓手"。

教师做经验总结，从教育科研的视角来看，是教师做教育科研的一种研究方法，教师可以把经验总结做成一次研究。

教育经验总结是一种追因研究。教育经验总结法是以已有的"经验""成果"为起点，通过探求教育实践过程中各种因素的相互关系，揭示教育实践过程中某些客观因素与现有经验的内在联系，进而揭示教育规律。其研究模式与追因研究中"执果索因"的特点相吻合。

二、需要揭示经验的主题

教师的经验总结需要提炼主题。

上海市教科院普教所郑慧琦和胡兴宏的著作《学校教育科研指导》中有关于怎样做经验总结的例子和阐述，由谢诒范、郑慧琦、王玉兰撰写的"学校特色经验的总结与指导"一节提出总结经验时需要对经验主题予以揭示，而后也要揭示经验操作体系。书中列举了广灵路小学德育经验总结的例子。[①]

广小的主要经验到底是什么呢？我们在全面了解学校德育经验的基础上，有两个直觉：一是广小的德育经验很全面；二是学校开展德育工作的主要经验是，把学生行为规范这一最基础层面的教育和以爱国主义教育为核心的人的精神世界层面这一最高层次的教育同时并进地抓好。为什么后一条被认为是主要经验呢？因为目前整个学校德育最需要解决的问题正是广小经验所能回答的问题。

然而，对主要经验的直觉性把握，毕竟还是粗线条的，还不够清晰，不

---

① 郑慧琦，胡兴宏.学校教育科研指导[M].上海：上海教育出版社，2001.

够精确。我们需要在此基础上进行下一步工作,即对广小成功经验里包含的许多有价值的东西,进一步提炼其实质,以揭示经验的主题。

直觉不等于提炼,还缺少理性的概括,需要进一步提炼出标志性的经验主题。深入广小调查研究,在与领导和教师半年多交流研讨的基础上,我们对广小德育实践经验进行了更进一步的研究和思考,初步将经验的主题归纳提炼为"德育的最优化模式"。

对这一主题的揭示,我们一直感到不满意。不满意的理由有三条:一是没有体现学校特色。把他人"最优化"的理论直接搬过来,只能是提炼的初级阶段。其他学校的经验,只要实践效果较好,也可以用"最优化"来概括。我们需要从一般到个别,体现广小特有的东西。二是没有体现德育的特点。"最优化"理论是巴班斯基对教学实践的概括,现在需要的是形成有德育特点的理论。三是没有体现德育发展的特点。没有揭示当前德育改革进一步要发展的本质特征的问题,也是深层次的问题。

确立题眼,需要从本质上进行提炼。大家对广小的经验特征进行了分析:现在学校德育工作的最大问题是把德育孤立起来,与教学分割。从表面上看是强化德育,实质是削弱德育。

而广小较好地解决了德育、美育和智育等诸育的关系,较好地处理了德育工作与教学等各项工作的关系,较好地掌握了德育中各项内容、各个途径的关系。从而,通过抓德育基础性的工作,带动了德育的整体工作,通过抓好德育工作,从根本上保证整体推进学校工作。这是广小经验最显著的特征所在。那么,其本质是什么呢?如何加以概括呢?"德育的综合""德育的融合""德育是整体的,不是局部的、独立的"……教师提出了不少想法。边启发教师,科研人员自己也在不断整理,一步一步接近所要揭示的本质。十月怀胎,一朝分娩,"整合"的概念被凸显出来了,即学校经验的实质应该概括为"德育各方面工作及其与学校教育整体的有机整合"这一主题。

"整合"是最能反映广小经验本质的,这样的提炼概括,较好地实现了广小经验和理论的吻合。题眼确立后便是对题眼的表述,经过反复推敲,确定了广小经验的基本表述为"德育的最优整合"。

研究人员对广小经验"主题的揭示"经过了从直觉到尽快抓住主要经验—主题的初步揭示和提炼—题眼即本质的提炼三个相互关联的阶段，展现了研究人员思考的过程。

从这个例子引出的思考是，在总结经验时往往需要专家参与，用专家的视野和眼光帮助教师提炼主题。

[一点建议]

教师做经验总结，需要经过积累、提炼、筛选和写作。

积累并不难，教师要有积累经验的意识和行动，用文字把经验记录下来，保持教育经验的鲜活。提炼非常重要，它是揭示经验主题、赋予经验以灵魂的过程。如果没有这种理性的提炼，就无法使教育实践中的感性认识上升到理性认识的层面。在积累了大量事实材料后，必须对事实材料进行整理，从中选择那些最能说明观点、反映经验内在机制的事实。这种对积累起来的经验事实进行"由此及彼、由表及里、去粗取精、去伪存真"的思维加工过程就是筛选。

给文章定一个好题目，其实就是提炼经验。可以浏览一下杂志，有时会找到灵感。借助其他学科的术语，也是常用的方法，以使表述新颖、精确。教师的写作，初始阶段以模仿、运用专家教授的写作语言和词汇为主，进而要达到的是能够用自己的语言总结经验，从"普通话"再回到"本土话"。当然，这是需要经过长时间的历练的。

借助"第三只眼睛"提升经验的价值

💡 [问题呈现]

在走进学校做科研指导时,我发现教师对自己的经验和经验的先进性何在往往不清楚。

我区一所中学开展"自信心培养"的研究,其中一位班主任的文章引起我的关注。他们学校开展了"两代书"的德育活动,要求学生给家长写信,家长给学生回信,通过书信往来加强两代人的沟通,形成家校教育的合力,增强学生的自信心。这位班主任王萍老师撰写的文章《一封来自"天堂"的信》很有特点,是王老师教育智慧的体现。中午休息时,我请科研主任把王老师请来,提出希望把这篇文章做些修改。后来,这篇文章在 2013 年获得浦东新区教育故事评选一等奖。

有一所幼儿园开展家访活动,我听到瞿老师介绍说家访中留下的故事很有意思。我鼓励她把故事写出来与大家分享交流,一篇《难忘的家访》就此成稿并发表。

对经验价值的判断需要一点视野,需要发现经验的独特性、含金量。这对教师来说有点难,难就难在"不识庐山真面目,只缘身在此山中"。没有比较的眼光,常常不知道经验的价值,因为对其他学校的情况不了解,因而没有意识到自己所拥有的经验的可贵。

📖 [案例析评]

一、用"三段式"撰写经验总结是常用的方法

三段式就是问题、措施、成效,三者构成一个简明扼要的逻辑框架。

现在有一种很通行的做法,在评审先进中需要被评审者做五分钟的陈述。这是经验总结的"精缩",也考量着"被试人"的归纳提炼能力。

一位唐姓校长参加特级校长的评选,我受教育局委托给予其指导。他的初始文章也是"工作总结",平铺直叙地告诉专家"我做了什么、有什么成绩"。

我把三段式写作方法运用到唐校长的经验总结中,协助他多次修改,最终完成了一份精当而平实的陈述。

凝心聚力,合力"脱贫"(节选)

××中学是一所地处南汇的农村中学,我接手时,学校存在着诸多困难。主要问题是:其一,人心涣散,内部矛盾错综复杂,好教师、好学生纷纷要求离开。其二,管理混乱,学校长期在下游徘徊,是全区六所未达标规范校之一。其三,教育教学质量低下。1999年10月,市教研室专家对我校进行调研,所听的34节课的合格率仅为50%,低于全县平均合格率30%(县平均合格率为80%)。来校调研的个别领导坦言:靠这样的教师队伍,唐校长要把这所学校搞上去很难。

然而,我是一个怀有教育理想的人。我不甘平庸,敢于创新。我认为,因为学校、校长、师生具有唯一性,我必须小心谨慎地去践行我的办学理想。由此,我开始实践"博采众长、勇于创新、务实超越"的办学理念和"无模却有模,有模却无模"的管理理念。

如何使××中学走出困境,是我的神圣使命。我决心带领全体教职员工,走一条"凝心聚力,合力'脱贫'"的艰苦道路。

我认为，队伍建设至关重要。队伍建设应该贯穿学校改革发展的始终。我理想中的学校管理是，在探索以校长人格、制度和师生认同学校文化的自主管理中，尽可能"凝心聚力"，形成教师"自我进取和发展"的原动力，最终形成全校办学的"合力"，并让管理成本小于社会成本，既能"治病"，更能"治未病"。

一、注重引领，凝心聚力

学校发展"事在人为"，主要靠领导班子的服务，以营造令师生"舒心"的氛围，以树立一线教师敬业奉献的精神。在引领中，使全校教职工自觉形成"我要进取和发展"的动力。

第一，思想文化的引领。九年中，我校的三个三年发展规划，形成了三个阶段的有序、有侧重点的发展目标引领，形成了每学期撰写和组织八份教师学习资料的针对性引领，形成了以树立"自我进取和发展意识"的人生观和以"学校、学生利益为重"的价值观为核心的校园文化引领。我提倡：树立"校如其人，人如其校"的新"×中人"形象。

第二，制度文化的引领。古人曰："士为知己者死。"我通过建章立制，营造了宽严有度的"想做事、能做事、能做好事"的人性化氛围；我锐意改革，于1999年开始学校内部的改革，出台了《××中学人事改革总方案》，营造了"教与不教、教多教少、教好教坏不一样"的学校氛围，树立了"干部能上也能下"的奉献进取精神。我提倡："优不是评出来的，更不是争来的，而是做出来的。"

第三，校长人格的引领。我始终把教师利益放在第一位（探望生病的外地教师、每天接送教师等），要求党员干部以身作则（始终"爱校如家"，第一个到校最后一个走，甚至与教师一起参与镇运动会跳呼吸操、秧歌舞等），始终践行"依法治校"和"以德治校"下的有效"校长负责制"（节省公务经费用于凝聚力工程，以凝聚人心）。我提倡："形象是自己树立的，评价是人家评的。"

二、教育教学，形成"合力"

与其他学校相比，教师仅靠"单打独斗"不行，只有"整合"教师的力量，整合教育教学资源，力争达到"1+1>2"的实效。在实践中提高教师"协同作战"和"单打独斗"相融合的教育教学业务素质。

……

九年的改革发展路，××中学在社会信誉、领导评价、师生发展等方面都取得了明显的进步。

首先，教师的"气顺了"。本来是"人心思走"，现在是"人心思留"。教师坦言："现在学校逢年过节组织各种活动，使我们有了'家'的感觉，我乐意为这个家贡献自己的力量。"

其次，领导的"赞誉多了"。在各种会议、评选、考评中，各级领导对学校由"恨铁不成钢"转而变成"表扬频频"，因为学校班子、师资队伍整体素质明显提高。

最后，社会的"信任度高了"。××地区的老百姓说："我们再也不用为孩子的上学问题来回奔波了。"2005年上海市"加强初中工程建设"督导时，领导对我们的评价是："从我们走过教室时，学生全神贯注，没一个学生转过头来朝我们看，做广播操时全校教师能和学生一起排队做操，我们已经明白了你们学校这几年能够发展的原因。"学校在三个三年规划的实施中上了三个台阶，已经站在全区同类学校中的前列。

这份经验总结言简意赅，从问题、措施、成效三个方面陈述经验，内在逻辑严密，文章结构规整。通过经验总结提升了认识，如果其他学校也这样做，也是能够得到这种效果的。

我在这次总结中做了一次协助者，给作者提供了一种视角。

二、用"第三只眼睛"提炼经验的价值

一位初中班主任丁老师所教的学生中考成绩斐然，学校领导在开学初的

学区教师大会上，请她介绍经验。我听到后要来了发言稿，做了一些修改，形成了一篇经验总结。我阅读丁老师的经验，有两个字非常突出，即"爱"和"严"，于是将题目改成《以"爱"交心，以"严"导行——我的班主任管理艺术与班级文化建设的总结》。

文章有六个小标题，包括：用真情感化学生；用行动示范于学生；"人人都要负责"的班级管理；培养良好的学习习惯；让家庭成为班主任育人的后盾；实现班主任与任课教师的团队合作。每一个标题下面都有故事佐证。

我很喜欢丁老师文章的朴实清新，于是为丁老师的文章写了一段感言，用我的理解为文章解读提供一个视角。题目是"丁老师，久违了的感动"。我说：

一场"丁秀清老师事迹报告会"感动了台下许许多多的听众，他们是丁老师的同事、同行。南汇一中的唐校长说，作为一名年轻班主任，丁老师的无私奉献、科学管理十分突出，令人尊敬。

很久没有为一个年轻教师如此感动了。奉献、信念、承诺、责任——这些曾经拥有却在纷繁的俗世中被逐渐淡忘了的精神，让人深深震撼。

没有刻意的宣传炒作，没有鲜花和奖章，有的是学生和家长的爱戴，丁老师的事迹再次证明了一条教育铁律——老师好，一切都好！

教师是教育的第一资源，以言传道，以行垂范，用真理、真言、真行教化学生，用真情、真心、真诚感化学生，坚守崇高的师德，这就是丁老师的理想与实践。

教师群体中，既有为稻粱谋的职业者，也有为成功谋的事业者，而在丁老师的身上，体现的是"使命感"和"志业感"。何谓"志业感"，就是一个人在从事自己喜欢的工作时，所获得的不仅是物质、货币、名誉这些外在报偿，更重要的是内心的满足感和自我价值的实现。这份职业对她来说，其意义不再是为稻粱谋，而是一份"非此不可"的志业。处在这一境界中的教师，她会发现自己生存的意义，感受到活着的幸福和自我满足。

在丁老师的眼中，学生不再因为成绩而被分成三六九等，每一个孩子都有独特的生命价值和意义,这是新课程改革特别强调的新学生观。新学生观认为,学生尽管处在童年或少年期,但依然具有主动的应答、选择、发现、思考、策划、行动、反思等需要和可能。学生具有发展的潜在性,只有关注学生的潜在性,才会促使学生实现智慧和才能的发展。新课程改革要求教育者承认差异、关注差异,看到差异在一定的意义上是教育的财富,而不是包袱。教育的任务是把这些需要与可能转化为现实的力量,努力使每个学生都能实现在原有基础上的提高,各自的特长和个性能得到健康、充分的发展。这就是新学生观的三性:主动性、潜在性和差异性。

　　班级文化建设的提出已有数年,但我们的探索还远远不够。班主任的精力或穷于应付这教育那教育,活动、小结琐事连连,或囿于考试成绩而不能自拔。如何提高学生的成绩,这是谁也回避不了的现实问题。但取什么方法,走什么路径,这是每一个教师都可以选择的。在丁老师看来,六、七年级时,培养学生良好的学习方法和习惯,比狠抓成绩更重要;培养学生良好的行为习惯、道德品质比狠抓成绩更重要。这些基础性的工作做好了,成绩提高的基础就有了,到了八、九年级,成绩自然而然就上去了。丁老师和她的学生、她的同事,以出色的答案,为我们提供了新思路、新方法。

　　在"苦干狠抓"十分流行的当下,丁老师提交的这份出色答卷意义尤为突出,她使我们看到了素质教育在一个班级、一位教师这里实现的曙光。由此我们可以说,在大环境还不十分理想的今天,教师可以在自己的一片土地里,创造出既具有个性特征又符合教育理想的实践,回应社会经济发展对教育的要求。

　　丁老师总结的六条经验,其实不难。在我看来,是普通教师都可以学习的,学了以后可以实践的,而且会有效果。这就是我们提倡做经验总结的起点和归宿。

　　从这个意义上说,丁老师的经验印证了班主任工作的教育规律。这样的经验总结才有价值。经验总结也需要起到引领时代发展的作用,回答时代提出的问题,即一个具有普遍性意义的问题。

三、教改经验的"他视角"提炼

经验带有个别性,但是个别性的背后往往隐藏着普遍性意义。从这个角度来看,教育经验总结法可以成为教师的研究方法。

从个别中发现普遍意义,是提升经验价值的重要举措。

克旗的教改实验取得了很好的成绩,克旗教育局于局长受邀在赤峰市教育年会上发言。我思考了一下克旗的主要经验是什么,给于局长提供了一些参考,即"一个前提"与"三条经验"。

"一个前提"是克旗教育局把学习共同体教改放在全部工作的首位,非常重视这项工作。当然,重视共同体教改工作的也不是只有克旗一地,为什么克旗做得好?克旗人的做法与其他地区有相同点和不同点。相同点属于共性,不同点是个性。相同点大家都在做,不需要在共性上多费笔墨做阐述。教改实验需要走本土化研究的道路,个性化的经验值得向大会汇报交流。

克旗的"三条经验"非常重要:一是教师致力于读书、写作加研讨的挑战性学习;二是普适性培训与个别化培养的有机结合;三是促进教育生态变革的本土化研究。第一条经验针对教师观念的转变,第二条经验针对领航教师的培养,第三条经验针对课堂变革。加上"领导"这个前提,就形成了领导、思想认识、师资队伍、课堂教学四个层面的要素。四个要素相融合,产生了叠加效应。

教改一般都离不开这四个主要因素。

现在几乎所有的地区学校都十分重视师资队伍建设,都在开展教师培训,但大都停留在普适性培训层面,如专家报告、专家指导、大型活动、展示交流等。普适性培训有优点,但也有局限性。能够开展个别化培养的地区学校就少了许多。虽说有名师工作室、培训基地等,深究活动的内涵和指向很多还属于普适性培训。克旗在个别化培养方面做了一些探索性实验,有助于解决教师专业成长中的个性需求和个别化发展。这需要有足够的教育资源、认识到位及方法举措要有针对性。

[一点建议]

教师经验的积累需要靠平时做个有心人。当经验积累到一定数量或者有任务需求时，可以整理材料撰写经验总结。先要给经验总结确定题目（观点，即主张），有了题目以后筛选材料就容易了。主题是灵魂，材料是血肉，结构就是骨架。先进教育经验需要体现时代性和实践性。

华东师范大学的陆有铨教授有一句关于写作的话："不要告诉我你知道什么，而要告诉我你主张什么！"这句话堪为教育写作的至理名言。我在阅看学员的文章时，以"告诉"和"主张"作为区别的标准，一下子就分出了高下，看到了问题所在。

教师撰写的只有"告诉"、缺少"主张"的文章很多，一旦把"主张"植入文章，即刻就有了改变。文章有了主心骨，就可以站起来了。

如何以课例研究支撑课题研究

[问题呈现]

有道是"医生的本领在临床,教师的本领在课堂"。课堂是教学改革的主阵地,课堂转型是教改的基点。

随着教育研究的发展,课例研究呈现出欣欣向荣的态势。当今学界对课例研究情有独钟的人越来越多,教师把课例研究作为主要抓手是一个明智的选择。

[案例析评]

一、课例研究在教学改进和师资队伍建设中架起了一座桥梁

课例研究流派较多,方法层出不穷,可见课例研究已经越来越走向成熟。

在浦东就有基于前后测的课例研究、基于微实证的课例研究、基于课程化工坊的课例研究,也有以聚焦学生完整学习历程观察与关键事件分析(简称LOCA)为核心的课例研究。

顾泠沅教授倡导的课例研究以"教师教育"为主要目的,与师资队伍建设密切相关。安桂清教授提倡的课例研究以行动研究为主要特征,把行动研

究与教学改进合而为一。佐藤学教授践行的课例研究专注于"学习共同体"的创建，既关注教师的专业发展，更专注于学生的协同学习。佐藤学教授与其他教授最明显的区别在于课堂观察，在于用"自然观察"搜集证据。

从已有的研究实践来看，课例研究在不同的课题中都能够发挥作用。如果把不同的研究各自做成坐标，课例研究可以在多数（不是全部）坐标系上占据一个点，说明它的适用性、实用性都很强。至于是否选择课例研究方法还需要课题承担人依据研究主题来确定。

教师可做基于职场、基于情境的研究。教师的研究不能太复杂、艰难，会增加太多工作量。教师毕竟不是专业研究人员，简单模仿专家的研究既不可取，也不现实。教学研究是教师最直接、最容易见效的研究，把行动研究方法融入教学改进研究，是比较符合教师特征、受到普遍欢迎的研究。

从学校发展角度看，教学改进研究和师资队伍建设是学校教育发展的两个车轮。课堂教学搞好了，师资队伍建设做好了，其他的工作都好说、好做。课堂教学和师资队伍如果有问题，其他的一切都免谈。

课例研究正好在教学改进和师资队伍建设上架起了一座桥梁、一个通道。做课例研究，会对两方面都有促进。

二、以课例研究为抓手的课题例析

南汇四中成立于 2007 年，是一所城镇公办初级中学，是在老校区里创办的新学校。根据新学校的特点，学校在办学初始先后开展了德育研究、青年教师培养研究，取得了一定的成效。

2012 年 10 月，在上海召开了海峡两岸中小学教育学术研讨会，大会的主题是"个性化教育与学校新发展"。顾泠沅研究员在《以学定教的课堂转型》一文中谈道：可以预见，未来的课堂教学，无论是在教育观念上，还是在教学结构上，都将朝着以学生的学习为中心这一核心内容发生转型，也就是"以学定教"。学校把"以学定教"和"个性化教育"联系起来，提出了改进课堂教学、实施教学改革的个别化教学研究。2013 年，南汇四中申报了

"以课例研究为载体的初中个别化教学研究"课题，得到市教委批准立项。于是，一场以课例研究为载体的教改实验由此展开。

1. 转变教育观念是研究的关键

课堂教学改革会涉及教师固有的教育理念。怎样转变教师的教育理念？四中课题组以阅读为抓手，组织教师阅读了荆志强的《幸福地做老师——我的生本教育实践之路》、佐藤学的《教师的挑战：宁静的课堂革命》、夏雪梅的《以学习为中心的课堂观察》等书籍，及顾泠沅的《以学定教的课堂转型》、张人利的《班级授课制下的个别化教学》、安桂清的《以学为中心的课例研究》、王丽琴的《一个四人学习小组的课堂故事》等文章。

阅读学习的方式有两种：一是教师个人利用寒假、暑假安排时间阅读；二是课题组成员举行"共读一本书"活动，以网络平台为联结点，教师分享阅读心得。学校后续还将展开读书心得的交流评比活动，获奖教师在教工大会上交流发言。此举对教师打开视野，转变教育观、教学观、学生观、自身发展观起到了良好的作用。

从研究的操作层面来看，教师做课例研究需要找到研究主题，需要有研究技术和工具的开发、应用，还要有撰写文章的历练。

初始研究时，教师对研究主题还没有清晰的认识。阅读了夏雪梅博士的《以学习为中心的课堂观察》后，教师们有了领悟，从而能够清晰地说出自己的研究主题。

他们从小组合作学习研究入手。初始研究从"几个人组成小组比较好"开始，是四人，还是三人，抑或六人？是否有必要设置小组长？合作学习在何时进行比较合适？进而聚焦到教学目标的设计、课堂上问题由谁提出、研究假设等方面。

从课堂观察来说，他们经历了从结构观察到自然观察的循序渐进过程，在实践中学做课后访谈、撰写观课报告以及课例研究报告。

课例研究逐步注重个别化研究。在课堂观察中，对个别学生的研究开始浮出水面，课后研讨也渐渐进入佳境。教师开始从观察个别学生到研究这个学生与同类学生的联系和差别，借助课堂观察成就了教师的"慧眼"，从发现问题起步渐渐找到了解决方法。

2. "接力棒式"的研究走出了一条实践创新之路

为了防止发生思想、思路"割裂"而与研究不在同一"跑道"的尴尬，南汇四中课题组采取了"接力棒式"的研究路线。

课题组在每个学期初就拟订计划，每月设置一个课题研究日，由教师分工"接力"持续开展课例研究。每月一次的安排不会对教师的日常工作有较大冲击。一学期做四次研究，开展得扎实有序，已经能够做出一些成绩。因为有"接力棒"的传递帮助，每个人承担的任务也不会太繁重。

每次研究课例前，科研负责人会通过网络给课题组成员发布时间、地点、研究主题以及一些阅读材料，以使每位教师走进课堂时不至于太盲目、心中无底。课堂观察是每位教师的"家常便饭"，已经锻炼出一套观察的本领。课后研讨成了重头戏，研讨时间往往有两个小时以上，充分展示观察故事，对存在的问题做初步剖析，并提出后续改进意见。

例如，一节体育课的课例研究，最后形成了三篇文章——执教者黄佳苑的《我上"站立式起跑"研究课的感想》、体育教研组长金强的《我对黄佳苑老师研究课的观感》以及课题组指导老师田农的《一节体育课引出的教会还是学会的思考》。通过研讨与辨析，课题组总结了经验，也发现了问题。活动简讯中指出："就当前的教改实验来说，'教会'是我们的长项，教学生'学会'是我们的短板。教师对接受式教学的研究颇为成功，有较多的经验积累。而对活动式教学的研究明显不足，所以需要充分关注，并作为研究的重点。体育课也需要给学生更多的学习机会，而不是教师循着预设的教案完成任务，误把教师的教当作学生的学了。"通过课例研究发现问题，为后续研究指明了方向。

程老师是课题组的核心成员。他在课题组里承担着"领航试飞"的任务。他从研究复习课的小组合作如何开展起步，继而做语文课"散文教学中支架式教学与抛锚式教学的比较研究"，最后专攻语文学科本质的研究，由此获得了一种三维视角的"立体图像",就是有学科本质理解的、课题研究方法引领的、基于学习共同体理论和实践指导的语文教学研究。三个立面构成了一个审察、辨析课堂教学变革的立体"魔方"。理论学习和实践探索带来深邃的辨析能力,提高了他的站位。这是一个由表及里、由此及彼、去粗取精、去伪存真的过程。

课堂教学改革与教师专业成长通过课例研究的实践得到实现。

思考和反思始终贯穿研究。"接力棒式"的课例研究把反思作为第二次课例研究的新起点,继续抓住新问题设计课例,实施中验证研究假设的真伪,从而让课例研究走向新境界,获得二次验证的新结论。

南汇四中的"以课例研究为载体的初中个别化教学研究"已经结题,在浦东新区科研成果评奖中获得二等奖。它用事实证明以课例研究支撑课题研究是一种可取的选择。

正如结题报告所述:本项研究的假设是,在班级授课制条件下,以课例研究为载体的初中个别化研究的实施,有助于促进学生有差异地发展、有个性地发展。这个研究假设已经被教改实验结果所验证,它是成立的。

南汇四中的课题组总结了三条经验:一是在制度上,每月一课(课例研究)保证了实践研究的连贯性与持续性;二是在操作上,跨学科成员组成的观察员队伍,形成了不同视角的互补,也防止出现一门学科视野的局限性;三是在观念上,由于聚焦学生的学习研讨,教师观念的转变有了载体,课例研究主题也得以升华。这三条经验值得分享。

[一点建议]

课例研究犹如"小品",可以作为教师研究"入门"的重要一步,在"做中学"。教师的职场在课堂、在教学,把课例研究方法融入课题研究是一种选择。

课例研究在教师个人课题与学校集体课题中都易于进行。教师个人课题需要教研组同伴作为观察员协助做课堂观察。用课堂观察搜集资料和数据，以课堂实态作为证据说明问题是否得到解决。

课堂观察搜集的数据资料还需要教师做深入分析，寻找问题与其解决之间的因果关系，为改进教学设计提供依据。新设计的教学能否站得住脚，还需要有"自圆其说"的解释和揭示因果关系的内在逻辑。

以经验提炼撰写课堂观察与分析

[问题呈现]

做了课堂观察后如何撰写成文章,也是一个现实问题。

课堂观察的目的在于发现。一是发现他人教改实验中好的地方,包括学生学习中的精彩、教师教学中的精彩,便于总结经验。透过表象归纳经验的实质,有利于分享与交流、改进与提高。二是发现学生学习中的问题、障碍以及学习习惯、学习能力等方面的欠缺,以便找到改进的地方,修正教学设计。同时,也可从课堂观察的"镜子"里发现自我。

从这个角度分析,课堂观察与分析有两种类型。一是总结经验的文章,发现经验、提炼归纳,上升到理性角度分析,提出作者的教育教学主张。二是分析问题的文章,以观察记录为证据分析问题,剖析问题背后的实质,提出改进建议,供执教者和伙伴参考。

如何提高撰写课堂观察与分析的能力,有两方面的要求,即理论视角和实践经验。所以,有两条路径可走:习得理论视角,增加实践经验。

对问题的剖析需要理论视角,没有理论的分析,会陷入就事论事的浅显。教师一要读时文新论,建立个人化的理论;二要走进课堂做研究,向实践学习,在实践中提高教学能力,在分享交流中获得进步。

那么,就有两种类型的课堂观察与分析——总结经验与发现问题。

[案例析评]

以下呈现一篇总结经验的课堂观察与分析，笔者在文中做了批注。

用实践智慧创造高品质协同学习的课堂
——观《爱莲说》教学研究课有感

倪青

在四月里一个细雨轻寒的午后，我们再度走进南汇第四中学程春雨老师的语文课堂。程老师的学习共同体课堂如今愈显纯熟。作为观察员，我每观其课感觉像在照镜子。古人说"以人为镜，可以明得失"，程老师的共同体课堂确实能照出传统课上一些亟待改进的问题。他的课堂探索给我们提供了一个样例，分析一下很有启示意义。

（注：文章的序言简洁明了，交代了背景，揭示了观察、分析和写作的意义。）

一、课前预习单——以学定教的设计

程老师的课上，有一样在我课前和课上都不曾用过的东西——预习单和学习单。前者从内容上看，类似于我们惯常布置的预习作业。而程老师的预习单和我们的预习作业有什么不同呢？

我摘录了他上《爱莲说》前下发的预习单。

《爱莲说》预习单

1. 能否谈谈你对这篇文章的理解，或者说说你在阅读过程中，对文中某些内容的分析、解读。（提示：至少说一点，多者不限。）

2. 你在阅读过程中遇到了什么问题，有没有需要老师和同学帮忙解决的？（可以写1~2个。）

我们惯常的字词读音、熟读课文的预习和程老师的预习单有何不同？我的观察是，这就是"以学定教"的教学观的体现。

（注：描述程老师的预习单，使分析建立在事实基础上。）

我听黄建初老师提过关于维果斯基的"最近发展区"，老师课上教什么，得依学生现有发展水平和即将达到的发展水平而定。

（注：引用理论做分析的视角。）

从分析程老师所设的预习单来看，可分为两个层次：一是了解学生在自主学习状态下对文本内容的解读力，这也是促进学生思维的途径之一；二是了解学生无法独立解读的存疑之处，而存疑处也应该是老师在课上要着力解决的"教的内容"。

学生在进入课堂前并非一张白纸，他是带着已有的语文经验和认知结构开始新的学习的。程老师的预习单着眼于学生的最近发展区，在了解学生的已知和未知后，上课才可能做到有的放矢。这正是学习共同体课堂"以学定教"教学观的充分体现。

二、课中学习单——协同学习的设计

《爱莲说》学习单

1.交流、分享彼此对文章内容的解读和分析。（六分钟后选举一位代表分享小组交流的成果，先说自己学到了什么，然后交流小组共同的理解。）

回答用语提示：

（1）我从_____（人名）同学那儿学到了（知道了）：_____。

他（她）对_____的理解很_____，这让我对_____的理解有了新的认识。

我还从_____（人名）同学那儿学到了（知道了）：_____，他（她）对_____的理解很_____。这让我对_____的理解有了新的认识。

（2）我们小组对这篇文章的理解有这样几点：_____。

（请注意一定是集合了所有组员的意见和想法，不能只说自己的理解。）

《百合花开》学习单

1. 三分钟独立思考，并完成下列问题。

我认为野草、蜂蝶鸟雀不喜欢百合，是因为_____。

我的依据是_____。

2. 六分钟合作交流，完成下列问题。

我们认为野草、蜂蝶鸟雀不喜欢百合，是因为_____。

我们的依据是_____。

细看两份学习单，可以发现其相同的设计在于，先独立思考后协同学习。

以《爱莲说》为例，观察程老师的课堂小组交流情况：虽然预习单已经呈现独立思考的过程，而在老师明确布置了任务"交流、分享彼此对文章内容的解读和分析"后，我观察到身边的四个学生最初依然各自安静地默读同伴的预习单，并没有直接开始言语交流。

两三分钟后，我对面的A生转身轻声对身旁的B生说，一会儿由你代表我们发言吧，B生回答，我还有一张没看完，稍等。四人同时抬眼默然相视，无人相催。

没多久，他们开始协商交流发言的内容。B生建议将A生的"予独爱莲之出淤泥而不染中的'独'表现了作者不与世俗同流合污"这一见解代表小组分享，理由是自己预习时也想到了这个问题，但只谈到了君子的品性，未对君子"不与世俗同流合污"的品性进行挖掘。

当我暗为A和B生的赏析力叫好之时，A生又推荐C生的"菊之爱，陶后鲜有闻。莲之爱，同予者何人……一句形成对比关系，反衬作者高洁的品格"，理由是自己的问题只是从君子含义的角度解读，而C生的更妙，是从反衬写法的角度来表现作者的高尚情操……

在A、B生皆言之成理、莫衷一是的情况下，他们转而默然了片刻，又不约而同地重拾手中的预习单和学习单静静地思索着。忽而D生打破了寂静："我觉得应该把你们俩分析的问题都拿出来分享才好，这是从不同的角度来解析作者的品性，我看并无高下之分！"D生所言即刻获得四人颔首一致赞同。

（注：这一段对学习过程的描述很是细致到位，清晰地呈现出学生是怎样展开学习的，学习是怎样发起的，谁是发起人以及后续又是怎样展开的。）

程老师课上的小组合作之所以有协同学习的过程和"相互学"的发生，原因有二。其一，倾听规则的建立。上课伊始，程老师提出了讨论的注意事项，比如小组交流声音要轻，组内四人能听清即可；无论谁发言，其余同学都要认真专注地倾听。学习共同体的课很强调"听比说更重要，说是你已经知道的，听能听到不一样的东西"。

再细读程老师所设的学习单，从"我从谁那儿学到了"到"我还从谁那儿学到了"，从"我有了新的认识"再到"集合了所有组员的意见和想法，不能只说自己的理解"等发言内容和要求，无处不显现教师致力于学生倾听习惯的培养。

（注：作者从课堂观察中引出一个原则，即学生的倾听习惯需要培养，这很重要。）

佐藤学教授的报告也对小组合作的本质做过切中肯綮的分析，非常赞赏相互学习的关系，而不是相互教。从小组合作的情况来看，程老师的学生已经在相互倾听和彼此尊重欣赏的基础上真正实现了相互学习的愿景。

（注：作者从描述故事引出分析，继而进行评论。从思维方面来说，逻辑很清晰、合理。）

其二，同伴互助下的独立学习。也许你见过以下的小组合作"风景"：一种是散漫型，几个人就某个问题七嘴八舌地你一言我一语直至眉飞色舞，最后问题完全跑偏；另一种是霸权型，常常是学优生谈兴十足乃至独霸话语权，组内其余学生成了陪衬，而弱势的学困生更是听得如坠云雾，一脸茫然甚或干脆神游四海去了；还有扶贫帮困型等，不一而足。

（注：通过对比加以阐述。）

之所以发生这样的情况，在课后的研讨中，陈静静博士的分析可谓一语中的——缺失了同伴互助下的独立学习。的确，没有独立思考也就没有见地，更遑论讨论的深刻性了。即便是在相互交流，也往往流于肤浅，我们所期待的智慧交响课堂也便无从发生。

三、基于学科本质的挑战性学习的设计

我观察到学生在组内分享交流后提出了这样一些问题。

（1）既然莲花清雅高洁，那为何众人喜爱的是富贵荣华的牡丹？

（2）作者要赞美的是莲花，为什么还要写菊和牡丹？

（3）"予独爱莲"和"菊之爱，陶后鲜有闻"是说明莲花和菊花差不多的含义吗？

（4）三种花分别代表了怎样的一类人？

程老师在给予组内十分钟充分交流的基础上，让学生合作解决预习单上存在的困惑，各组派代表交流学习。令观察员们称奇的是，学生所提问题指向性明确，如上面（1）（2）两题，指出了文章为了写莲花而将另外两种花做对比（陪衬或反衬）之用的写法；再看（3）（4）两题，显示了以花喻人的象征手法，以此来认识并突出莲花的君子品行，同时也是本文的旨归。

课后研讨时，几位观察员高度赞赏学生提出问题和解决问题的能力，而我想这当然与程老师平时的培育方式有关。

1. 伙伴平等互学关系的建立

当我身旁的D生两次以字难看为由回绝A生请他代笔填写小组学习单问题汇总任务时，C生建议轮流记录，这次我来下次你来，D生闻此欣然答应。组内汇总交流时，我多次听到这样的对话："你说呢？""我觉得你说得有道理，不过我想的是……""这题我不理解，你怎么看？"

同伴间不是会的教不会的，而是不会的主动请教会的，这显然是彼此已然形成了良好的伙伴关系。中国台湾的林文生校长也倡导这样带有民主气息且互为主体关系的课堂氛围。从学生在课上所提问题及通过合作解决问题的能力来看，这与良好伙伴关系的建立不无关系。

2. 回归文本（反刍）促发深度思考

在各组派代表交流时，程老师请了我身旁的C生。C生说：我们认为"予独爱莲"的"独"字和"菊之爱，陶后鲜有闻"的"鲜"字意思差不多，可见莲花和菊花也喻指差不多的一类人。程老师当即追问，差多少才算差"不多"，何意？请从文中找依据，差在哪里？

此问抓住了核心问题，即把握作者所提倡的君子品行与莲特点的相同之处。

程老师上课话不多，所谓"风乍起，吹皱一池春水"，因聚焦和促发学生思考，也便生成了学生对君子（淡泊名利、不与世俗同流合污、异世独立和遗世独立）多元的精彩解读。

（注：学科的育人价值得到体现。）

3. 沉潜涵泳之功不可谓不深

有学生提出，为何文章开篇和结尾处三种花的叙述顺序有所变化？对此，程老师在课后研讨中坦言，该生所问也是自己多日解读文本且"毕其功"之问，实在了得。而自己在备课中也为此翻阅了很多文献资料来解决这个极富挑战性的问题，也梳理了便于学生把握莲与君子相同之处的三个知识要点作为学习资料。

对于这个挑战性的难题，课上程老师先是请学生依据学习资料上的内容自己解决问题，待有自己的思考后再组内交流，若还不能解决可请教老师。

随即有位男生起身问老师，什么是"宋明理学"？环顾四周无人能答，程老师便娓娓道来，从学派讲到主要代表人物乃至用典等。

面对课堂的"旁逸斜出"，老师能见招拆招，其博学的功底和周全的备课怎能不让学生心生敬佩！

（注：学习共同体教改对教师的要求更高。）

学习共同体课堂有三个关键词："高品质""协同学习""设计"，这是有学习发生的真正课堂，也是能促进学生成长的课堂。观摩程春雨老师独运匠心、简约而不简单的共同体课堂，会发现一些基本要素。

首先是倾听、串联和反刍，其次为高品质的设计。教师的实践智慧是我们开展教改实验能否成功的关键要素。实践智慧如何才能累积？需要教师通过阅读把专家的理论、原则、策略变成自己的知识（认识），并且运用于教学实际。以实践为媒介，以反思为准则，运用写作提炼个人化的经验，形成"扎根理论"，并变成智慧，成为解决课堂教学问题的工具。

我想教师的有效学习和专业成长，最为重要的一环是从自己的课堂实践中学习——我们既要重视对理论的研读，也要重视把理论转化为实践的行动。唯有实践结合理论的学习、思考，才会生成高品质的协同学习智慧。有实践智慧的教师往往能够敏感于课堂上的细微事件，葆有探究学习的热情和具备解决疑难问题的能力。

[一点建议]

这篇课堂观察与分析有很多地方可以深究。首先，有主题、有观点、有材料以及有论证过程，还提出了一个很有新意的观点——教师的实践智慧是解决教学问题的利器。其次，课堂观察很仔细，有深度描述，把记录、分析、论证串联起来。从行文来说，简明扼要，通俗易懂，逻辑严谨。

难能可贵的是，作者对程老师的教学还做了经验的提炼，揭示了经验的本质。

可把这篇文章作为一个样例，与自己撰写的课堂观察与分析进行对比，从中找出值得学习的地方。

以问题剖析撰写课堂观察与分析

💡 [问题呈现]

发现问题是课堂观察的重要价值。怎样发现问题？教师是依照专家提供的样本做课堂观察，依葫芦画瓢，还是从模仿走进最后以创新走出？这是一个有意思的问题。

📖 [案例析评]

这里引用一篇课例研究报告中的课堂观察与分析部分，旨在呈现几种不同的课堂观察方法。

我和某小学课题组教师合作完成的研究报告发表在《浦东教育研究》2018 年第 6 期上。这是一篇课例研究报告，建立在课题组成员对课堂观察与分析的基础上。从发现存在的问题来看，这篇报告很有水平。

打开研究之门的一次探究课

——"纸的探究"课例研究报告（节选）

黄建初　夏叶青

2017 年 10 月 20 日，应学校科研主任曹老师的邀请，我走进他们的课堂听了一节探究课，主题是"纸的探究"，执教的是一位青年教师纪老师。

这次活动给我的感受是，课题组以课堂观察作为研究抓手，把学生的学习活动作为观察的焦点，搜集课堂里发生的故事来证明教学设计的合理性和达成度。

这种研究已经有了"假设与验证"的雏形。

与之前他们开展的研究活动相比，因为有了"假设与验证"，实践的行动研究开始走进科学的行动研究的大门。分析这次探究课活动，会得到诸多启示。

这个班级有40位学生，纪老师把学生分成八个小组。参加课堂观察的教师有20多位，每个小组的观察员有2~3人。纪老师的探究课主要设计有两个活动：一是以小组为单位的学生探究活动，各小组分别做"纸张洇水的秘密""测量纸的厚度""再生纸的探究""节约用纸调查"等任务；二是组间的交流。

看得出纪老师做了大量的前期准备。我观察的小组有小组名牌，也有"纸张洇水的秘密"探究活动的流程设计。课的形式很灵活，学生围绕自己小组的探究任务展开活动。教师的课堂观察很认真仔细，不时低头做记录。课后，学生离开教室，观察员教师先组内交流，然后是组间交流。八个小组有八位观察员做分享。从各组代表的交流发言看，经过之前数次课堂观察的锻炼，教师们已经初步学会了课堂观察。

以下选取三位教师的课堂观察做分析。在撰写文本的过程中，需要执笔人做整体思考，有选择地呈现学习状态和观察分析。选择的标准与主题有关，主题确定，选择就有了依据，不需要面面俱到，与文章主题有关的典型材料可以详细阐述，无关紧要的材料略写或删去不选。

一、孙老师的课堂观察——学生学习情绪的变化

我观察的是第六小组，组员有六人，首先我按照顺时针方向对六人进行编号，然后从学生学习的维度，选取了两个课堂观察点：学生课堂活跃度统计、学生课堂情绪变化统计。

学生课堂情绪变化统计。在大约15分钟的合作学习时间中，小组成员的情绪也发生了一定的变化。具体统计图表如下。

学生编号	1~5分钟	6~10分钟	11~15分钟
①	兴奋	平静（未采纳）	低落
②	平静	兴奋（采纳）	平静
③	兴奋	兴奋	兴奋
④	平静	兴奋	兴奋
⑤	平静	平静	平静
⑥	兴奋	低落（未采纳）	低落

①号学生的工作一直都是测量，由于缺乏新鲜感和挑战性，加上所提意见未被采纳，所以情绪曲线处于不断下滑的状态。

②号学生的意见被采纳了一次，所以中间的情绪呈现兴奋状态。

③号学生作为小组的"领袖"，尝试着用自己高昂的情绪不断地激励着组员。

④号学生受到③号学生的感染，情绪呈现上升的状态。

⑤号学生处于绝对的听众状态，未积极参与团队合作，建议可以将一部分记录的工作交给她来完成。

⑥号学生由于③号、④号学生的强势，表现的机会不多，加上意见未被采纳，所以情绪滑落速度较快。

（对孙老师观察与分析的解读：听了孙老师的介绍，看得出他的观察很仔细，发现了不少学习的秘密。他的课堂观察给我们的启示是，我们需要特别关注学生低落的学习情绪，因为这种情绪肯定不利于学生的学习。怎样解决这个难题？借鉴学习共同体的研究成果，值得尝试的措施是，教师要设计有挑战性的学习活动，以保持学生的学习情绪处于积极的状态。而这需要教师转变观念。我们原本以为低阶思维对学生来说更易学能用，挑战性的探究活动不太适宜。其实，根据学习共同体的研究显示，挑战性学习对所有的学生都有积极影响。）

二、李老师的课堂观察——波澜不惊的再生纸的探究

我进入教室时，第一个环节"小组合作探究"已经开始了。教室里热火朝天，有的学生在做实验，有的学生在做问卷调查，有的学生在讨论，唯独我观察的第八小组异常安静。

走近一瞧，桌上摆着小组成员已经制作好的"再生纸的探究"的小报，组长姚同学正在一张写满资料的纸上用红笔做补充，其他同学默默地看着。我询问组内老师后得知，这组是"绿色行动小组"中的A组，负责收集再生纸的资料，制作成小报向全班展示。我原本觉得非常遗憾，错过了这一小组最精彩的资料汇总和讨论整理的过程，不料组内老师告诉我，他们并没有讨论。有一位同学将搜集并制作好的卡纸资料拿了出来，和另外几个女生一起动手粘贴。在制作小报的过程中，原本让我们期待的讨论并没有发生。我看到了一个现象：女生们轻声细语地讨论资料卡纸该怎么摆放，相应的小磁贴又应该如何摆放才好看，尤其是一个漂亮的娃娃磁贴，让他们犹豫了很久。这可能是以往的经验导致评价探究活动的作品过分追求美观。用了不到一半的活动时间，小报制作好了，女生们就安静地坐着，剩下组长一人在忙碌。当纪老师过来询问他们讨论的结果时，学生们对纪老师提出的问题都没能回答上来。

由此可见，这一组学生关注的焦点并不在探究再生纸这项活动本身，而是把讨论的重点放在如何把小报布置得漂亮，偏离了探究性学习的本质要求。

难道是再生纸的探究活动无法在课堂上呈现？教师如果指导学生设计并实施有挑战性的探究学习，大概不会出现冷场的尴尬局面。这或许就是后续课例研究需要用心设计的地方。

三、夏老师的课堂观察——探究活动重在结果还是过程

我和黄老师以及张老师属于第三观察小组，这组学生有四人——组长朱

同学及组员李同学等三人。她们这次主要探究"纸张洇水的秘密",任务是做各种纸张的洇水实验,记录数据。

以下是我们观察到的一些现象和进行的分析。

1. 合作探究需要同伴间的融洽关系来润泽

实验开始了,组长把课前准备的实验用纸往桌子上一放,就开始动手了。但发现清水没有准备好,就请王同学找水。王同学跑到教室后的水龙头处接水,水龙头里没水,他只好扫兴而归。组长让他想办法,还催他快点。王同学愣在那里,一时不知所措。我忍不住提醒他去教室外面的厕所里取水,他这才恍然大悟,成功取回所需要的水。此时,组长朱同学已经马不停蹄地在做准备工作,将各种纸条一一贴到一张长条形的卡纸上。旁边同学在帮忙,有一位男同学插不上手,只能看着。

组长是个很有能力的孩子,从她准备好的实验图纸以及桌卡上就能看出她能写能画,图纸上的实验步骤写得清清楚楚,插图也恰到好处。但是实验开始后,她就大包大揽,没有进行任务分工。这个实验是可以分解的,完全可以分工做。

组员王同学两次取水没有得到他人的鼓励,最后虽然完成了取水,但我看出他没有兴奋感,没有成就感。如果组长在实验开始前组织大家坐下来,讲解一下图纸上的步骤和准备工作,并为每个组员分配好任务,最后能够肯定组员的态度与能力,那么这个组的凝聚力和效率会提高很多。小组合作的探究性学习,需要用同伴的融洽关系润泽,这是探究性学习活动内隐的目标。

(对夏老师观察与分析的解读:夏老师的观察很仔细。她不仅记录了看到的学习过程,还能够以白描的方法还原学生的学习状态。与用编号记录相比,有学生姓名的记录可以清晰地把每一个学生的特征、风格等反映出来。这样做的意义是,对后续的研究与改进提供了可视化的真实样本,与当今学界十分重视的个性化研究一致。)

2. 错失了一次探究的机会

王同学因为想擦去不小心洒落在桌子上的墨水,把手弄脏了。纪老师看到这一幕，提醒他们可用什么纸擦拭最好？但是孩子们没有去思考老师的提问，继续做手中的事。第一轮洇水实验开始了，三人都聚在一起观察，但是王同学却在擦拭自己手上的墨水，没有心思去观察实验。这个小组的探究就是"纸张洇水的秘密"，用什么纸擦拭才能生效可以生成一个与生活紧密联系的探究。可惜的是，学生只顾完成计划，对生成性的探究视而不见。一个生成性的探究现象，没有被重视，错失了一次探究的机会，甚为可惜。

在第二轮贴纸实验中，组长依旧没有"放权"给组员。贴纸贴到一半时，王同学耐不住性子了，想了个其他的点子，并试图伸手去"帮忙"。结果被组长大喝一声："你不懂不要瞎猜和想象！"说罢，用力拍掉了王同学伸出的小手。虽然实验在规定时间内完成了，但是几位组员没有获得成就感，尤其是王同学。这个现象与孙老师观察到的小组有相同的地方，组长很强势，组员较失落。

很明显，组长喜欢"一言堂"，整个实验过程都是她说了算，最后交流也说得头头是道。虽然她的能力很强，却不是一个好领导。王同学在整个实验中自始至终没有得到伙伴的认同，对他来说可能做这个实验的失败感要多于成就感。其实，他既帮助了同学打水，又帮助了同学擦墨水，还给组长提供了建议，是个不可多得的"人才"。由于组长只顾表现自己，因此没有通过这个实验给组员们带来成就感。实验的结果，除了组长以外，组员们并不是很关注，尤其是参与较少的焦同学以及"备受打击"的王同学。由此建议教师在关注探究知识的同时，更要关注探究过程中的"与人相处"。

（对夏老师观察与分析的解读：我为夏老师的观察高兴。我们常常说要关注学习结果，更要关注学习过程。怎样才算是对学习过程的关注，教师存在困惑。夏老师的观察为我们提供了一个案例，至于怎样做更好，需要实践证明。）

3.探究课不同于学科教学

我建议探究性学习"更要关注探究过程中的'与人相处'"这句话，与学习共同体追求的"协同学习"有异曲同工之妙，值得作为一个深究的课题继续研究下去。还有几个小组的观察提到了小组合作的问题、组长任命的问题、怎样分工的问题，以及做调查问卷的小组如何选择访谈对象的问题，都很有意思。

探究过程是一个很漫长的过程，探究课不同于学科教学，有给出的内容和目标。表面上看，它似乎是个"随心所欲"的课程，因为课题自己定，内容也自己选，可以探究几节课，也可以探究几个学期。但是从内在看，它又是个"难以驾驭"的课程，想要上好，并非易事，无论是纪老师，还是我都在摸索中前行。由于参加了黄老师指导的"以学定教"课题组，我对探究课的研究元素有了更多的认识和思考。

我们上探究课的目的是什么？只是去搜集资料和汇报成果吗？如果是十年前，能够做到这样就已经非常好了。因为当时智能手机还没有普及，信息传递还没有这么快捷和便利，能够查到一些有用的资料还真不容易。但是十年后的今天，信息的获取已经是"小菜一碟"，而同伴之间"有效合作"的重要性日益凸显，会不会与人合作涉及将来的工作与生活质量。我想到了通过探究课去培养孩子们如何相处，如何共同面对问题，如何取长补短解决困难，这比获取知识更加重要。这是一种能力，是学生长大后融入社会的必备能力。

"纸张洇水的秘密"实验中发生的小事让我想到了两个问题：其一，实验的目的是什么？仅仅是完成"作业"，了解各种纸洇水的程度吗？如果是这样，不就成了自然常识课吗？我们学校的探究课又叫生活探究课，希望通过实验启发孩子们去解决生活中的用纸问题，这样探究课的教育意义就丰厚了。其二，当墨水倒在了水盆外面的时候，如果孩子们有解决问题的意识，是很容易想到解决办法的。向老师求助，借用教室里的抹布，或者找到桌子上的餐巾纸，或者向观察员老师借餐巾纸一用。墨水事件恰恰是"纸张洇水的秘密"实验的生活延伸，是在真实的课上生成的"洇水实验"。信封纸的洇水能力差，所以越擦越脏。如果用吸水能力强的餐巾纸擦，会容易得多。很可惜，他们的注意力集中在"完成任务"上，没能捕捉到这个有意义的生活小实验。问题出在学生身上，却与教学设计、教育理念密切相关。

4. 探究教学需要精心设计

纪老师的探究课有两种不同选择，或做成偏向于展示的课，或做成偏向于探究的课。做展示，每个小组都有各自需要展示的内容。教学的意义在于同伴之间的交流，让大家看到探究的内容和过程，看到小组间互相欣赏和彼此了解的探究过程。做探究，每个小组依据科学研究的套路进行，需要发现问题、形成假设、实验探究、形成研究结论，还需要形成合作探究的协同关系，让学生真正经历一次合作探究的过程，领悟探究性学习的真谛。由于我们"以学定教"的定位是研究课，主要研究学生的学习过程，所以就发现展示课的缺陷在于学生不能产生探究后的共鸣。

如果这堂课就设定一个内容，如"纸张洇水的秘密"，每个小组做同样的实验，遇到的困难、问题以及突发事件会各有不同，那么可以通过交流汇报让小组间互相学习，有助于完善实验的探究过程，组内的"无效合作"也能被提出来并加以改善，这样孩子们之间的"有效合作"也会进一步提高。

经过这节课的研究，引出了一系列需要探究的新问题——探究课的目的是什么？探究课与展示课的区别在哪里？真实的探究活动发生了吗？探究与生活怎样融为一体？怎样评价探究课的教学效果？做研究首先要找问题。专业人员做研究从阅读文献、做文献比对开始，我们一线教师做研究找问题走的是实践的道路，即从实践中发现问题。

（对夏老师观察与分析的解读：夏老师通过课堂观察与分析，找到了课题组后续需要进一步研究的问题，这体现了研究课的价值——寻找真问题，开展真研究。）

四、打开了实证研究的大门

我感觉这次课例研究对课题组的教师来说，有了质的进步。之所以认为这节课打开了学做实证研究的大门，理由有以下几点。

1. 做课堂观察开展调查研究

通过现场观察，实时实地看到学生真实的学习活动，就是在第一时间、第一现场搜集证据，以此来证明假设是否成立。观察员教师客观地描述学习的过程与状态，已经有点教育实验的味道了。

2. 用分类与比较做分析框架

孙老师的课堂观察已经涉及了分类与比较。他有了分类的思想，把小组里的学生以情绪的兴奋、平静、低落作为归类的标准做记录和分析，堪为自行设立评价标准的一个案例，值得关注，更值得学习。

这里有两层意思：一是学会归类方能做比较研究；二是行动研究需要与评价相结合。而评价需要有标准。行动研究需要与评价相伴，这是专家的观点。这种评价不是往常我们惯用的对学生的分类、分等，而是因研究需要自行设立的评价指标和标准。顾泠沅研究员在一次科研培训中指出，行动研究法有严格的步骤，并且它的步骤是很清晰的。首先它是要有假设的，有了假设，可以设计行动、对行动做评价、发现问题，发现了问题随时做调整，调整之后再评价。有调整和再评价的是行动研究，没有调整和再评价的只是行动而已，而不是行动研究。有意识地学做分类与比较，以此解读研究资料，会提高研究的水平。

3. 基于假设与验证的思路做研究

纪老师的教学研究是有假设的，假设通过改进教学设计与实施来提高学生在探究性学习活动中的学习质量。这个研究假设没有得到完全证实，而是被少量证实、大量证伪，因而不成立。证伪的实验也是一种研究。

[一点建议]

这次研究表明，课堂观察不是一条经验"包打天下"，可以采取随时调整的策略，要选择合适的课堂观察方法做记录与分析。"不管白猫黑猫，能捉老鼠的就是好猫"，合适、有用就好。可以"标新立异"，但必须做到"自圆其说"。

从改进教学的角度看课堂观察，发现问题是改进的第一步，剖析问题是改进的第二步，然后才能生发出改进的方法与策略。发现问题不难，难在剖析问题上，需要透过表象审察问题的实质。

从本案例来看，课堂观察不是专家教会的，是教师在实践中摸索、改进，慢慢学会和生成的。有人说，教会的是知识，学会的是能力。观察员对看到的事实怎样分析、判断，是很考验研究素养的。

好文章是改出来的

💡 [问题呈现]

我常常阅看教师的文章。有教师把含有明显错别字的文章发来要求指导,可见自己没有做过认真修改。有过一次修改够不够?应该是不够的。

"好文章是改出来的",此话出自《上海教育科研》常务副主编张肇丰之口。在我和编辑交流的过程中,慢慢学习着如何修改文稿。有时,我会把原稿和修改稿对照着阅读,从中感悟编辑修改的方法和缘由。我对编辑心存敬意,也学着编辑的样子给学员做文章修改,经验慢慢就丰富起来。

教师撰写的文章需要反复修改,一直修改到自己(或编辑)满意为止。这是一项需要练习的基本功。

📖 [案例析评]

我写了一篇培训总结,前后三易其稿。这个修改过程也是我思考的历程,我想把三次大的修改过程写出来给教师看看。

为什么我会想到要撰写这样一篇"另类"的叙事文章,告诉教师我是怎样撰写并修改文章的?说"另类"是报刊上看不到,编辑不会登这样的文章。但是这种文章对教师会有帮助。我也是一名教师,经常阅读专家教授的文章,有时候会突发奇想,能否读到他们写作背后的故事,让我们看到一篇好文章是怎样"十月怀胎,一朝分娩"的。已发表的文章给我们教师提供了一个"正面肖像",它是精心打扮的"标准像"。阅看结果虽然完美,也无懈可击,要学习领悟却比较困难。

既然过程有时比结果更重要,我就想把过程如实推出,希望给教师一点启发。我撰写这篇文章经历了搜集资料、立题立意、形成文章框架、撰写和修改完善的全过程。

主持内蒙古赤峰市克什克腾旗的课例研究专题研修班是我2019年的大事,前后长达半年。其中大半时间是在网上与教师互动交流,给他们一些指导。研修班的主题是"课例研究",目的是为当地培养一批勇于开课做研究、带头开展学习共同体教改实验的骨干教师。研修班活动分三个阶段,集中培训有三天,内容包括听四场报告、学员交流14人次、进课堂学做观察员三次。集中培训前有"热身"活动,阅读五篇文章和撰写一篇读后感。集中培训后有分组实施课例研究的实践跟进,以巩固学习成果。理论学习、课例研究和反思写作贯穿整个培训过程。

2019年底,研修活动暂告一段落,我也应该写一篇文章,既是总结,也是思考和反思。2019年12月7日,学习共同体研究院在上海浦东举行教育峰会,大会授予克旗教育局"感谢状",以示表彰鼓励。12月13日,赤峰市教育局召开了"一个都不能少"学习共同体建设行动研讨会,克旗教育局于局长做了"'一个都不能少'学习共同体建设汇报"的交流发言。

"感谢状"和于局长的交流是研修活动得到肯定的证明,我感到写一篇总结的时机到了。

一、从资料搜集整理到初成文稿

小结怎么写?怎样立意?提出什么主张?这是我首先想到的。

一般的总结是有套路的,先写是怎么做的,再写取得了什么成绩,最后提出努力方向。有套路不会错,但套路会框住人,使文章平淡无奇,看过就忘记,难以留下"痕迹"。为什么?因为没有"思想冲撞",激不起思维的火花。

我不想落入俗套，于是想到了把克旗的培训与展辉学校的培训进行对比，以比较的视角撰写。在克旗培训结束后，我到武冈市展辉学校也做了一天的培训。可以比较的理由是两次培训的主持人"我"、培训内容以及活动形式一样，但结果却不一样，这就有原因可分析了。比较是认识事物的方法之一。

我的小结提纲是：领航教师培育之我见——基于克什克腾旗与武冈市展辉学校教师培训的比较。共有12个小标题："1.崇尚务实；2.少用评课；3.学生小罗；4.降低难度未必好；5.克旗培训有意思；6.研修班的计划与实施；7.张雪老师；8.与自己对话；9.学做研究；10.做扎根研究；11.研修成效需要深入分析；12.领航教师培养的路径分析。"文章采取夹叙夹议的方式，内容是两次培训的叙说和比较分析，立意是引出领航教师怎样培养的观点。

初稿写于2020年元旦，小标题1~4主要回顾展辉学校的培训，小标题5~10回顾克旗培训，小标题11是成效分析，12是引出的思考。这篇文章写下来有23500字，太冗长了。

其实，这份稿子是我把两次培训中的资料做了一个搜集、整理、组合，只是写作前的准备。但这个准备的过程是必要的。就稿子来说，自己读读可以，在报刊上发表显然不合适。长文章中，废话容易多。吴非老师说过，他对文章的修改有规矩，一定要把多余的字句段全部删去。于是，我开始修改，压缩文字，删去一些段落，合并部分段落。

修改以后的第一稿提纲是：领航教师培养之我见——基于克旗与展辉学校教师培训的比较。标题有六个："1.崇尚务实；2.少用评课；3.降低难度未必好；4.做扎根研究；5.研修成效比较；6.教师培养路径分析。"我把"学生小罗"并入"少用评课"，因为"学生小罗"与其他标题不在一个层面，逻辑上不通；删去小标题5~8，因为与文章主题关系不密切，有疏远感；把小标题9和10合而为一；保留小标题11和12，但对文字做了缩减，力求简明扼要。文章总字数减少一半，变成了13000字。这篇稿子的立意是怎样培养领航教师，从两次培训活动的比较中寻找经验，通过归纳、提炼找出有普遍意义的方法、措施。

我把文章前半部分发给展辉学校的李老师阅看，请她以亲历者角度提出意见；把文章后半部分发给克旗的几位教师阅看，选择的对象是被我引用了文章的教师，一方面想听到意见，另一方面是表示对原作者的尊重和感谢。

老师们的回复比较客气，以表扬为主，表示认同这份稿子。

可能稿子的确没有比较明显的缺失、失误，阐述的事实是客观的，对培训方法的比较也基于事实，所以解读和结论比较顺畅。

这种文章很多见，在我收到的教师文章中常常碰到，看不出明显的问题，但是也很难说出有什么新意。

二、工工整整的小标题平淡乏味

春节后不久，陈静静老师转来一位杂志编辑的约稿，约的是我的另一篇文章《我经历的课例研究》。受约稿的启发，我萌生了把这篇稿子发给编辑的想法，但我必须缩减文字。我知道，编辑对文章有要求，一般不超过4500字，安排三个版面。于是继续压缩，把展辉学校的培训删去，只留下克旗培训的部分。

文章的主题与结构有了变化。第二稿的提纲是：克旗研修的启示。标题有三个："1.热身活动的启示；2.集中培训的启示；3.后续研修的启示。"

文章怎么写是我比较纠结的。没有了比较视角，文章的结构只能以培训过程分段。三个阶段三种培训方式是比较清楚的，侧重点是可以看出的，问题在于都是针对骨干（领航）教师培养设计的，形式上虽有不同，实质上没有大的区别。一时难以找到三种研修活动分别对应骨干教师成长的什么因素，标题就显得呆板，没有揭示三段培训各有什么特别之处。文字压缩是完成了的，剩下5700字。

我把文章发给几位教师，希望听到批评和建议。有时候，自己写的文章不跳出来很难发现问题所在，因为"只缘身在此山中"。

我的写作经验是，文章要找到高人指点，这个高人能够给文章做出评析，而后提出建议。杂志编辑、前辈、同行、同事，以及我的学员、朋友、盟友都曾经是我文章的第一读者，也是提出批评的诤友、益友。我的写作成长史中有过多位这样的评论员、建议者，他们都是我的良师益友。

不久，我收到了克旗教师的批评和建议。

姜老师的回复是：每个板块以启示为标题，就没有您给我修改题目时的那种酣畅通透之感。（注：指她的文章《放慢脚步 潜心学习 努力成长》，我将其修改成《在省察中明晰学习共同体建设的路径》。）此文的脉络不及您原先发给我的那篇文章清晰，行文也略显仓促，没有原来那种娓娓道来之感；"报告要有理论方法实例"部分与下文所述内容衔接不紧密；关于"脱产培训"的表述可否删去或独立表述；"后续研修的启示"板块感觉思路不是很清晰，可否再梳理。

姜老师的建议促使我下决心重新修改，推翻原来的框架。

另一位张老师很认同我的这句话——把本土问题置于学习共同体理论下研究，由此她认为"把本土问题置于学习共同体理论下研究，是学习共同体建设向深水区迈进的最优路径"。张老师的认同启发了我的灵感，"本土化研究"一词可"放大"和再认。

借助他人的"第三只眼睛"，可以获得发现问题、剖析问题的新认识。

三、重新构思，推倒重来，对文字做仔细修改

我推翻原有思路，重新思考文章立意。于是，"本土化研究"渐渐浮现并清晰起来。以"本土化研究"立题，形成三段式论述框架：一是本土化研究的重要性和必要性，二是怎样开展本土化研究，三是本土化研究与领航教师培养是什么关系。

第三稿的提纲如下。

本土化研究与教师培养

——克旗研修的启示

一、反思发现,练就慧眼

1. 盲目地追求形式化的东西不可取

2. 课堂观察也是与自己的相遇和对话

3. 倾听需要真诚

二、听说实战,融会贯通

1. 有理论、方法和实例的报告,教师愿听易懂

2. 给教师言说的机会

3. 认识需要经过实战演练"消化"

三、本土研究,优化心智

1. 本土化研究的起点是找到真问题、设计成小课题

2. 本土化研究有助于教师心智模式的优化

3. 有信仰就有战胜困难的勇气

正标题以"本土化研究与教师培养"立题,副标题保留了原来的题目,因为我以克旗研修活动作为论述的基础,以研修活动的成效证明结论。原文的材料没有抛弃,而是有机地融入第三稿中。

这样写下来已经不是一篇培训总结,而是一篇基于克旗培训、论述本土化研究、揭示其与培养教师关系的论文了。

三个大标题有了改变。"反思发现,练就慧眼""听说实战,融会贯通""本土研究,优化心智",一方面比较工整、流畅,另一方面八个字四四对应,前面是行动或操作,后面是目标或意义。这样字不多,逻辑结构比较清

晰、合理。

我把文章发给姜老师。我说："根据你的建议，对文章做了大手术。题目、大标题、立意、论述，都做了修改。发上，请有空看看。"

姜老师对文章做了简明扼要的评析。第一，大标题凝练直指核心，将启示变为副标题，特别好，既舒坦又通透。第二，文章条理清晰，尤其"本土研究，优化心智"这一"结束语"特别好。第三，语言表述大不一样，尤其开篇之语大气上档次。问题：部分段落语言略显冗长，是否需要进一步推敲？

根据姜老师的意见，我对文字又做了修改、删节。这样一个兜兜转转的过程，最后形成了一篇论文形式的研修班活动小结。

四、如何撰写文章的开头和结尾

姜老师很赞同三稿的开头和结尾。为什么她会感到不错？

对于文章开头，我沿用"开门见山"的老办法，文字不多，阐述了三层意思，层层递进。什么是本土化研究？意义何在？本土化研究与教师培养的关系何在？这是本文写作的目的，行文力求做到言简意赅。

辑录文章的开头：

什么是本土化研究？以学习共同体本土化研究为例，就是把佐藤学教授关于学习共同体的理论和实践引入本地、本校，在学习领悟、实践运用、思考创新中实现与本土教育的融会贯通，促进发展。学习共同体研究院确立的"指向深度学习的教育生态变革"就是本土化研究的范例。

本土化研究的主体是教师。教师扎实有序地开展本土化研究，关乎教育变革，也关乎自身发展。本土化研究与教师培养有密切关系，既互为因果也相得益彰。

本文以赤峰市克什克腾旗研修活动为例，探讨本土化研究与教师培养的方法、路径以及相互关系，供学界讨论，给教师建议。

文章结尾是借鉴研究报告的做法。研究报告最后是"讨论"，可以基于研究结论，也可高于研究结论，进一步阐述如果要继续把研究深入下去，可以朝着什么方向努力。所以，在结尾部分，我阐述了开展本土化研究还需要教师习得读书方法，吸收各种理论成果和实践经验作为补充，不能急，更不能半途而废——刚开头就又放下，转眼寻找别的"热门"话题。

好的文章结尾还可提炼思想观点，或引发思考，或为后续研究指出方向。

本土化研究与教师培养是什么关系，也是需要回到题目给予说明的。我认为本土化研究必会带来教师成长，教师培养未必能够引出本土化研究。

辑录文章的结尾：

本土化研究需要对研究的特征、方法有清晰的认识，需要教师阅读关于教育研究方法的书（如刘良华著的《教育研究方法》），补充知识、习得方法、提高能力。本土化研究以学习共同体理论和实践做指导，不排斥对其他教育理论和实践经验的学习、吸收、运用。骨干（领航）教师的培养是"慢的艺术"，急不得，要有耐心和恒心。目前的探索只是"万里长征"走出了第一步，刚刚跨进门槛见到曙光，离"指向深度学习的教育生态变革"还有很长的路要走。

本土化研究的踏实行走必会带来教师成长。教师培训却未必能够引出本土化研究，更免谈教育生态变革了。所以，开展针对本地区、本校真实问题的本土化研究，以调查研究、行动研究、课例研究培养骨干教师，从而促进本地区教育生态的变革，是本文的研究结论，也是期待。

文章 6600 字，还是多了一点。对文章的行文做了好几次阅读修改，设想是向吴非老师学习，尽量精练。虽然有增增减减，结果并未如愿，想到编辑会修改删节，所以就算定稿了。

这篇文章最初的设想是总结培训经验，回答骨干（领航）教师的培训怎么开展的问题，最后修改的结果是把本土化研究凸显出来，提出了本土化研究与骨干教师培养的关系问题，得出的结论是本土化研究必能提高教师素养，反之，骨干教师培训未必能得出推进本土化研究的结论。这是我通过修改提炼得到的新认识，可见学会反复修改文章是有助于提升作者的认识的。有道是"文贵出新""文似看山不喜平"，写作中的不断思考和反思点燃了新火花。

五、写作经验的分享

就写作来说，可与教师分享的经验有：好文章是做出来的，好文章是写出来的，好文章是改出来的。

做是撰写文章的基础，没有做，何来写！克旗培训有成效，除了领导教师的积极参与、认真计划以外，也与我之前做过六届工作室培训积累了丰富的经验有关。我和骨干教师有过深入交流，了解他们，也理解他们。骨干教师有自身优点，但需要通过培训提升学术素养。工作室的学员总结过一句话："读书、交友、写文章。"理论学习与阅读，实践研究与思考，撰写文章与表达，是我做培训的成功经验。把成功的经验复制到克旗，是重新验证而不是初次尝试。没有经过验证的经验值得怀疑。

为什么我在集中培训前要增加五篇文章的阅读"热身"，还要撰写一篇读后感？目的是希望教师在阅读对照中引发对教学的重新思考，把陈旧的观念和落伍的方法"倒出去"一些，腾出大脑空间准备"接纳"新思想、新观念。此举是有作用的，学员的读后感就是证明。

克旗培训有14位学员做了交流发言，有三节研究课的现场实战演练，有21位教师集体做《教师智慧的20个分享》这本书的电子文档转换工作，还撰写了500多篇文章，这一切产生了叠加效应，引起教师教育观念的转变和心智模式的优化。如果仅凭听一两场的报告、一两节的观摩课，是难以发生持续性效应的。

在形与神的关系上，"一味追求形式化的东西"，忘记了思想、哲学上的引领，往往只能"形似"，难以做到"神似"。

好文章是写出来的。怎么写，我在前面已经做了讲述。好文章是改出来的，有了初稿其实不能说完成写作。很多教师习惯写了初稿就了事，不可取。文章的修改会涉及三方面：立意、选材和行文。关于立意，我在另一篇文章《不要"告诉"，而要"主张"——与教师探讨文章的立意》中有详细的阐述，这里恕不赘言。①

写文章找到一个好题目非常重要。我进大学后就听老师说过，找到题目，文章就成功了一半。《本土化研究与教师培养——克旗研修的启示》不是凭空冒出来的，而是经过实践的检验提炼出来的，有三易其稿的撰写、思考、辨析，慢慢浮现的，还有克旗教师的认同和提示，饱含着我的经验和思考。

文章的立意非常重要。立意是作者思想观点的表达，是作者的教育主张。关于立意，建议读者还可阅读张肇丰著的《从实践到文本——中小学教师科研写作方法导论》相关章节。修改文章需要找到"镜子"，它能够照出文章的长短优劣。这镜子可以是学者教授、资深编辑，也可以是行家里手、教师朋友，还有各种文献。

[一点建议]

人要否定自己不容易，一旦成文就不太愿意大刀阔斧做修改删节，更不愿意推倒重来。但是要写出好文章，必须有否定自己的气度。否定之否定的过程是激活思维、活跃思想的"头脑风暴"，充满挑战。经过思维冲撞，得出结论，形成思想，有一种化茧成蝶的舒畅。

文章不厌反复改。修改五次十次的文章不少，就看作者的恒心和持久力。本文是否有意义，结论需要学者和教师来下，我会洗耳恭听，接受批评指正。

---

① 黄建初.不要"告诉"，而要"主张"——与教师探讨文章的立意[J].教育研究与评论，2020（2）.

不妨以写驳论文培育批判性思维

💡 [问题呈现]

批判性思维是非常重要的思维方法。有批判性思维的人往往能够看到他人没有看到的问题，说出常人想不到的话，写出常人未能撰写的文章。

由于种种因素影响，教师批判性思维不强的问题常常成为人们诟病教师的一个重要问题。创新离不开批判性思维，批判性思维需要培育。

阅读经典文章和书籍是教师习得批判性思维的途径之一。吴非老师是一位散文家，也是撰写教育随笔的高手，他的文章以犀利著称。2004年南京发生了一场关于素质教育的讨论风波，吴非老师撰写了《不是爱风尘，又被风尘误》一文予以批判，对澄清认识起到了重要作用，给我留下了深刻印象。我曾经组织学员阅读吴非老师的《不跪着教书》，还带着学员去南京当面聆听吴非老师的报告。之后，还推荐了吴非老师的《前方是什么》《致青年教师》《课堂上究竟发生了什么》等书让学员阅读学习。学员撰写了许多读后感，教育观念得到转变，批判性思维有所体现。除了阅读学习，研讨也是培育批判性思维的途径。

此外，还有写作，用撰写驳论文来培育批判性思维，也是可行的途径。

📖 [案例析评]

一、运用命题作文培育批判性思维

我曾经对工作室学员布置了写作任务,要求每人撰写一篇驳论文,文章题目自拟。为了降低撰写难度,我找了几篇样例供学员阅读学习。最后的结果是,三分之一的学员没有写,三分之一的学员写得很一般,三分之一的学员写得像模像样了。这个结果在我的预料之中,客观地反映出教师的实际情况。

学员夏颜撰写的文章,是比较成熟的驳论文。文章提醒我们对那种喊口号式的教改保持警惕。

能否不再喊"以学生的发展为本"?

夏颜

1999年,联合国教科文组织发表《21世纪的高等教育:展望和行动世界宣言》,首次明确提出了"以学生为中心";2002年,国内开始实施新课程改革,此时,"以学生的发展为本"便以正式的面目出现在我们广大师生面前。时至今日,十几年的时间里,无论备课、上课、批改作业,还是做课题研究,凡此种种与教育教学相关的事情,我们必提"以学生的发展为本"。的确,这说得一点也没错。我们的教育教学就是应一切从学生的特点出发,尊重学生的个性,因材施教,为的是培养他们成为能独立学习、有创新精神和实践能力的人。这也是我们在教育领域里一直追求和向往的理想境界。

但是,冷不丁回头看看,"以学生的发展为本"似乎已经更像一个口号,我们一起喊了十几年,到今天似乎也丝毫没有减弱的趋势。

"口号"到底是什么呢?根据《辞海》的解释,"口号"是"为了达到一定目的,实现某项任务而提出的,有鼓动作用、简练明确的语句"。这样来理解,口号在很大程度上带有一定的时代性、外在的鼓动性,而不一定会带有内在的观念性。如针对当前的雾霾天气，我们提倡"绿色生活""低碳环保"等口号。

然而，可以说，从久远的过去开始到现在，再到遥远的未来，"以学生的发展为本"的提法，都可能不会显得陈旧或者过时，因为无论是从现代基础教育的价值功能定位角度，还是从马斯洛的人本主义理论出发，教育以学生的发展为本，都是亘古不变的道理，其本身不存在时代性的特征，不是只在某个特定时代提出的特定说法；与此同时，教育是慢的艺术，孩子的成长和发展是需要过程和期待的，任何带有外界鼓动性的言论，都不应该在教育教学的领域中呈现，而"以学生的发展为本"，其本身更无法与"鼓动性"联系在一起。

由此，从形式上来说，"以学生的发展为本"本身就不是口号，我们根本就不能把它当成某一种教育的口号来呼喊！

那么，"以学生的发展为本"的内涵到底是什么呢？我们还要坚持喊下去吗？

我认为任何一种具有长久生命力的话语背后，必然存在一种强大的理念在支撑，"以学生的发展为本"的背后到底是什么样的理念，还是其本身就是一种理念呢？我们可以追根溯源。

自新课程改革推行以来，在一定程度上，我们可能还会认为"以学生的发展为本"是我们汲取国外诸如建构主义、儿童中心论等理论的精华后提出来的，其实不然，我们的老祖宗很早就开始探讨了类似的话题。纵观中国教育史，从春秋战国时代开始，自孔子的"因材施教"，到宋明时期王阳明的"循真"教育说，再到近代陶行知的"解放儿童的创造力"，到今天的"以学生的发展为本"，从本质上来说，它们都主张从学生的差异、个性出发来组织教育教学活动，目的也都是满足学生的需要，最大限度地发挥学生的潜力，促进他们成才。如果孔子、王阳明、陶行知提出的命题本身就是教育理念，那么，我们可否这样理解，新课程改革提出的"以学生的发展为本"，就是对教育史上同种理念的继承和发展。

那么，作为一种理念的继承发展抑或理念本身，"以学生的发展为本"

是否需要我们时刻都挂在嘴边,以提醒自己要改变现状呢?

其实,从另外一个角度看,自我们有了教育教学活动以来,我们就一直在以"学生"的"发展"为本。我们任何时期、任何区域的教育教学活动,无不例外的都是为了学生自身的发展,其直接受益者就是学生自身,不是教师,不是校长,也不是学校,更不是课本。如果我们先暂时把其组织形式、影响程度的大小好坏放在一边,就其出发点与目的来看,这样的教育教学活动,绝大部分不是为了提高学生某学科的分数,就是为了锻炼其某方面的技能(其实,会做题、会考试也算是一种技能),抑或是为了他们能获取某种文凭、证书等。这样做的目的,从某种程度上说,对学习者的成长与发展都会起到一定的作用,就连我们一直要摒弃的"应试教育",对于那么多渴望通过高考而改变命运的人们来说,难道不正是真正的"以学生的发展为本"吗?

由此看来,从更广义的意义上来说,似乎我们一直践行着的就是"以学生的发展为本",无论我们提或者不提,它都在那里,更接近于教育的一种客观规律或不变的真理。

当然,也许我们会说,今天我们所重拾、重视的"以学生的发展为本",有了更丰富和个性化的内涵,那我们长年累月呼喊下来的效果又如何呢?也许我们可以发现,在很多课堂上,学生是有了更出色的表现,各方面的知识和能力也更强了,但这并不代表着它就是我们不停呼喊的结果。这些可能更多的是教育的本质任务和核心价值的体现,是教育本身的必然。因为即使是冠以"以学生的发展为本"的经典课堂,照样也会受到质疑;而我们身边那么多的课后补习班、家教班,造成学生负担过重的状况,照样让我们无可奈何,甚至习以为常。

纵观历史和现状,的确,不可否认,我们的教育应该遵循"以学生的发展为本",这是教育发展的必然;但是,任何形式或者内容的呼喊或提法,都只能说明绝大多数教育工作者已经理解和接受了"以学生的发展为本",同时也不足以证明我们能让学生的健康发展一蹴而就,因为从理想走向实际,让思想成为事实,确实不那么简单。面对教育理念内化、落实过程中存在的困难和迷惑，我们能做的，就是真正遵循教育发展的必然规律，遵循孩子的生长规律，坚守"以学生的发展为本"的教育信念，一步步踏实地走下去。

（2013 年 3 月 18 日星期一）

口号太多，而落实不力，已经成为一种通病。夏颜老师的批判有针对性和实践性。在一次会议上，一位领导、专家就他曾经提出的教学五环节说了一句话，即不能把教学五环节当口号喊、当歌来唱，其思想意蕴与夏颜老师的思考有相通之处。

表象与实质有很多时候是不一致的。教师需要透过表象看到实质，揭示隐藏在表象背后的实质。这需要教师有一双发现的眼睛，而批判性思维是前提。

二、以有感而发培育批判性思维

黎老师的班级被选中开设学习共同体教改研究课。作为班主任，她从纠结变成兴奋，写了《六班不孬》的文章发在群里，好评多多。

我觉得这篇文章有探讨的余地，于是发给克旗的晓冰老师，请她就《六班不孬》谈谈读后感。我从中感到教师由浅入深思考问题需要学习，需要有载体和经历奠基。

这里把两篇文章一并展出，供教师欣赏和借鉴。

六班不孬

2020 年 7 月 1 日，在这个庄严而伟大的日子，九（6）班迎来了道德与法治科目的学习共同体公开课。当课代表向我汇报要在我班上课的消息时，我的内心是忐忑的。因为他们以往的上课状态是充分尊重"少说是一种智慧"的原则，无论各科老师在讲台上如何绘声绘色、慷慨激昂，下面能够跟老师互动的学生寥寥无几,其他同学都无动于衷。那种冷漠让人窒息。我在心里默念:"这堂课可别冷场。"

可是班长小高却不以为然,他自豪地说:"道德与法治老师教好几个班,其中也包括七班和八班,能选中我们班,看来我们并不孬。"与此同时,还向周围的伙伴做了一个握拳加油的手势,他们的眼中也冒着光。"期待会有精彩吧。"带着复杂的心情,我与这群孩子们一起走进了道德与法治课的学习共同体课堂。

张老师先播放了一段视频,是疫情期间人们自创的一段充满正能量的歌曲。这不但把她的课带入主题,而且调节了课堂气氛。听了两遍,孩子们也放松了,张老师顺势引导同学们进入第一个探究问题:看完刚才的视频,你联想到了什么画面?印象深刻的原因是什么?在我看来,这个问题对于九年级的学生太简单了,一定没有问题,不过能不能紧扣道德与法治知识点、敢不敢回答问题,我替他们捏了一把汗。

我开始观察身边的小牛同学,此时他额头上豆粒大的汗珠还在掉,看来他的内心还未平静下来,所以急急忙忙地写了三个画面,却没有写原因。他在耐心等待老师发出"开始讨论"的命令,准备好了向班长求救。我偷笑他滑稽的样子。当张老师让同组讨论时,他催促同组伙伴:"快点快点,你们快说,我找不到原因了,帮帮忙。"小高、小张、小石讨论的时候,他一直在写。当张老师让学生站起来发表观点的时候,我的心提到了嗓子眼儿,我怕冷场。此时小牛同学环顾了四周,拍了拍自己的胸口,长舒了一口气,然后勇敢地站起来。对呀,他是道德与法治课代表啊。他写了三个画面,只说了一个,我知道他是想把机会留给更多的人。

接下来,我发现我的担心是多余的。当看到一组一组的同学主动站起来,听到越来越精彩的回答,我提着的心总算平静下来。

第二个探究问题虽然有难度,但是同学们的表现越来越出乎意料,他们的回答有理有据,哪册课本的第几页、哪个知识点都交代得很清晰。层次渐渐深入,从个人到国家,从小我到大国,从网络利弊到中国梦,从社会主义核心价值观到国家制度……精彩纷呈。我的心也由平静、踏实到激动再到最后的感动。

下课后,听到领导老师对六班的孩子们赞不绝口时,我除了窃喜也在反思:为什么才发现这群"木讷"的孩子如此优秀?

我想,首先,今天的课堂因为有这么多老师来听课,孩子们听得很认真,在听其他同学发言的时候就打开了思路。小牛同学不正是听了同组同学的观点以后,有了自己的见解吗?其次,今天的课堂是自由思考、丰富串联的"交响式"课堂。佐藤学认为:教师的责任不是上好一节好课,而是保障所有学生的学习权。张老师今天上课语言并不多,她是掌舵人,把大把的时间交给孩子们,她尊重并相信孩子们。一个安心的课堂,是学生安心学习的保障。张老师不拘泥于好的发言,对所有孩子都寄予信任期待,这样的教学能让学生轻松自如地参与自主思考,把所学到的知识串联起来,产生强大的效果。最后,这堂课上,张老师设计的两个问题引导学生由浅入深,进入深度学习。

也许我们的课堂还存在问题,因为还有些孩子没有发言或者不敢发言。但临近毕业的九(6)班,在三中留下了令人难忘的一课,正如班长小高所说:"六班,不孬!"

黎老师的文章一发出,微信群里立马有教师留言,大家纷纷点赞。

针对上述文章,克旗的晓冰老师撰写了一篇商榷文章《学生"不孬",那谁有点"孬"?》,以此促进观念的转变。

学生"不孬",那谁有点"孬"?(节选)

——读《六班不孬》有感

晓冰

三中的学习共同体教改实验正红红火火地开展着,赵主任在群里贴出了一篇观课后感《六班不孬》,是六班班主任黎老师心路历程的真实坦露,很真实,很有价值。文章再一次验证了一句名言:给学生一个舞台,会还你一份精彩。有群友教师跟帖："学共体课堂，让我们看到焕然一新的孩子。""感受到学共体的魅力，让每个孩子每个生命都绽放！"的确如此，学生都是好样的。认识到学生"不孬"，这节研究课的意义——引发认知冲突已经实现。

细究这节课，还有更多的地方可以审察。有群友跟帖："我们为师者的担心、纠结真的如班主任那样有好多啊。所以，问题需要解析，观念需要转变。"受此启发，我想到了一个有点"另类"的问题，既然学生不孬，那么谁有点"孬"呢？

执教学习共同体教改实验课的张老师是好样的，能够选择六班开课，是有理智的选择。往常开课我们会选择"活跃的"好班，好学生和教师配合完成任务，而张老师没有落入俗套。班长是好样的，与班主任的纠结截然不同的是，班长小高自豪地说："道德与法治老师教好几个班，其中也包括七班和八班，能选中我们班，看来我们并不孬。"还向周围的伙伴做了一个握拳加油的手势，他们的眼中也冒着光。小牛同学是好样的，他面对教师的提问，环顾四周，拍了拍自己的胸口，长舒了一口气，然后勇敢地站起来。

班主任黎老师呢？也是好样的。尽管心中忐忑不安，还是坐在学生身边，做了一次课堂观察员，并且发现了学生"不孬"，除了窃喜也在反思：为什么才发现这群"木讷"的孩子如此优秀？这追问问得好！

既然都是"不孬"的人，我们课堂上的一些问题，比如黎老师说的那种事不关己的态度、让人窒息的冷漠又源自何处呢？还是这个班级，还是这些学生，为什么会"冰火两重天"呢？

有教师跟帖指出："传统的课堂中学生被老师控制，而学共体的课堂中充满着期待、关注和尊重，孩子的感觉是不一样的！这是被动和主动的问题，也是浅表走向深入的问题！"此言一针见血，值得我们深思。

我从中引出一些思考。

教师为何很纠结？对公开课，我们有一个固定思维。公开课涉及上上下下的"面子"，所以只能成功，不许失败。教师的种种纠结与这个固定思维有关。公开课被过度关注或包装，所以会扭曲。即使是平时的"家常课"，我们对它也赋予了过多外在的东西，那些附加的东西左右了我们的视线，模糊了我们的眼光。教学承载了很多与教学本身无关的东西，所以，教师很纠结。如果我们以佐藤学老师提出的学习的定义思考教学的意义，则会坦然得多。当教师把教学当作一次与学生在课堂里的"相遇""对话"时，心理上可以轻松得多。

这节课最终取得了一个完美的结局。突然想到，假如这节课的结局如一开始班主任担心的那样，"学生启而不发"，无论任课教师在讲台上怎样"慷慨激昂"，都冷漠得让人窒息，我们会得出什么结论呢？是不是会从"皆大欢喜"跌入"懊恼沮丧"的境地，继而对正在兴起的学习共同体教改实验持怀疑态度呢？

这里涉及情感与理智的问题。如果我们能够用理智面对公开课、研究课的所谓"成败得失"，完全可以放弃担心、抛弃纠结，坦然面对结果。

回到谁"有点孬"的话题，不是我们人孬，而是我们的观念还停留在往常的思维定式上。成则喜、败则悲的思维定式，其实是没有必要的。教学就是为学生服务的，所以每一节课都会有价值，都会有研究的意义。

选择在什么班级做研究时，另一种思路给我们启发。陈静静博士选择了一个民工子弟较多的班级执教《佐贺的超级阿嬷》，而没有在一个学生非常优秀的班里做学习共同体教改实验。因为学生以"学困"居多，实验就有价值。事实证明，"学困生"也有学习的愿望，也有精彩的发现和表现。

这次在三中九（6）班上学习共同体教改实验课，结论再次被证明。张老师设计的问题"看完刚才的视频，你联想到什么画面？印象深刻的原因是什么？"，是引导学生由浅入深，进入深度学习。

显然，这是一个开放式问题，具备"低起点、高挑战"的特征，每一个学生都可以通过观看视频引发联想，表达己见。对视频印象深刻的原因，既可以就事论事，做出基于事实的分析；也可以就事论理，做出理性的分析；甚至是站在哲学角度，做出哲思辨析。没有一个所谓的"标准答案"框住学生的思维，挑战无极限。这样的问题堪称冲刺挑战性问题的好样例。

我们的人并"不孬"，只是观念有些落后。落后的教育观念束缚了教师的思想，先进的教育观念有助于教师实现课堂生态的变革。观念的转变非常重要，也非常缓慢。这是一道必须跨越的鸿沟，一旦跨过去，前面是阳光一片。

在网上读到了于漪老师的文章《现在的教师不缺教学技巧，而缺思想与批判性思维》。她指出，批判不是否定，而是在原有的基础上使好的发扬光大，使不好的得到克服。

如果说夏颜的命题作文属于"预设"，那么晓冰的作文属于"生成"。生成性培育需要事件引发，而预设性培育则可以按照计划实施，它们的共通之处都在于对教师的批判性思维起到培育的作用。

[一点建议]

阅读、研讨和写作是培育批判性思维的三条途径。其中尤以写作为最。把对教育问题的看法撰写成一篇文章，考验的是作者的思想认识和写作能力。

看多了那种以教师的教学实例证明某一观点是正确的文章，觉得换一种思路和方法，写写驳论文，有助于提高教师的"学术气"。

驳论文难写，首先难在要有思想。如夏颜老师对那种口号式教改的敏感性，不是一天积累的，而是有思想基础的。其次，难在要有勇气，有敢于争辩的勇气。可喜的是学术风气的宽松，实践是检验真理的唯一标准的保驾护航，还有实事求是思想路线的深入人心，为撰写驳论文培育批判性思维提供了良好的条件。

易中天先生撰写的《劝君免谈陈寅恪》，他用否定之否定的写作方法，对学术风气做了批判和提醒，是一篇不可多得的好文章。这种否定之否定的写作方法，难度甚高，但是并不妨碍我们虽不能至心向往之的追求和努力。

第四单元

写作重证据

反思写作，其实是一种发现的艺术。发现自己在教育世界中的坐标点，发现属于自己的充满意义的教育世界，发现我与教育世界友好的相处方式。在反思写作时，我们视角独特、观点独到、实践独创、表达独有，坚持不懈地用干净的、精准的、完整的句子捕捉着被研究的问题、事件和世界，用力架构教育之思、问题之解与现实之教学生产力之间的桥梁，而当我们的灵魂被反复挖掘、反复表达时，生命自然就走向开阔与深刻了。

——蒋保华

　　教师的写作其实也是对教育知识的创生，教育需要有一大批来自于教育实践的鲜活的经验的传承，从而为教育的大厦添砖加瓦，使教育知识日益丰富。如果我们再看得远一点，教师的写作也是为教育的"原生态"，为教师从平民视角观察体验教育，留下一份难得的珍贵史料，为后继者的教育研究留下一份信史。

——黄建初

如何撰写读后感

💡 [问题呈现]

我经常阅读教师撰写的读后感,好的文章多,不好的文章也多。主要问题有,一是泛泛而谈,有点类似工作小结,只是列举所读的书或文章的观点、主张,却没有深入分析;二是没有把自己放到文章里去,没有结合自己的实践阐述,看不出阅读与不阅读的区别,也没有阐述对自己产生的积极影响,阅读的意义没有得到体现。

那么,一篇好的读后感有什么标准?我在评审读后感的过程中渐渐悟出了一个道理,并自拟了一个分类标准:第一类文章,对书中的观点有认识、有认同。第二类文章,在认同的基础上,分析书中观点的教育意义及对实践的指导意义。第三类文章,有认同、有分析,还结合自己的教育实践,说明自己在教育教学中是怎样运用理论指导实践的,则属于上乘佳品。我觉得如果能够写到第三类文章这个层次,已经相当不易。第四类文章,对书中的观点持探讨(商榷)和批判态度。这样的文章非常难写,一旦写成了,往往就是好文章。这对教师来说要求有点高。能够结合自己的教育教学实践阐述一个观点的读后感还是比较容易撰写的。

[案例析评]

一、要呈现读者与作者的思想交流

乌海市海区一小的教师李娜娜撰写了一篇读后感,就是结合了自己的课堂教学谈收获。在文中,我做了批注。

拒绝纸上谈兵,倾听孩子心声

——读《学生眼中的窦桂梅老师》有感

李娜娜

窦桂梅老师在许多语文教师的心中就是一个传奇,早有耳闻,却难能亲近。当我读到江苏省溧阳市实验小学芮火才老师写的《学生眼中的窦桂梅老师》一文时,心中满是期待。在我的心中,像窦桂梅老师这样的一位名师,她在孩子的眼中一定是完美无缺的,这一定是一篇充满了赞美之词的文章。我期待着从这些赞美中再次感受窦老师的魅力,向她学习。但是在真正读文的过程中,我的思想在不知不觉中跟随着那些调查问卷和课后访谈,随着笔者的文字渐渐走向深入,读完文章之后,在我心里盘旋的两个字不是"赞美",而是"思考"。一种从孩子的视角出发,真正为了孩子的"思考"深深地打动了我!

芮老师在《学生眼中的窦桂梅老师》一文中,对窦老师执教班级的学生进行了课后问卷调查及个别访谈,并对调查的结果进行了分析,根据学生对窦老师的评价,谈了自己对语文教学及整个教育教学工作的几点思考。

芮老师在文章中所提到的几点思考在我们的日常教学中往往是被忽略的,即使偶尔留意到,也从未静下心来去思考和研究,更没有影响到我们的教学工作。

(注:以上部分,作者告诉读者阅读了什么文章,对文章是否认同,认同的理由是什么。)

我们的课堂教学研究始终停留在研究教师的"教"上，对于学生，我们下意识地把他们放在一个被动接受的位置上。课堂上看似给足了学生自主、自由学习和活动的时间，但是一切的自主、自由都是在教师预设操纵的前提下进行的。学生看似精彩纷呈的发言，很多时候并不是孩子真正的心声，孩子是为了迎合教师，帮助教师顺利完成教学目标，努力向着中规中矩的"正确答案"靠拢。这种回答是没有思考、没有创新的，是缺乏独特见解的。

（注：由阅读引出对实践的反思。）

芮老师关于"评课不能缺少学生的声音"这一点见解使我深有感触。在日常的听评课活动中，我们很少会站在孩子的角度去评价一节课的好坏。我们认为一节课，只要教师设计好了，组织好了，那就是一节好课，至于学生，如果还不能领悟，那就是学生自己"悟性"的事了，教师完全可以问心无愧！反之，一节课，如果在设计上不严谨、不完美，即使学生在这节课中学会了很多，那么它也是一节失败的课，成果自然还是要归结到学生的"悟性"上，至于教师还是要再接再厉的！

有时候，我们的评课也会考虑到学生，但是这种考虑是站在成人的视角去思考的。我们经常会说："这样的语速孩子根本跟不上……""这样的设计使孩子对……的印象更加深刻了""这样的设计对于孩子来说太简单了……""这样的问题，孩子是很难回答的……"等一系列问题，看似考虑到了学生在课堂中的感受，但是这样的语速孩子能不能跟得上，这样的设计是否加深了孩子的印象，这样的设计对孩子来说是否太简单了，这样的问题是否会让孩子觉得很难回答，其实我们不得而知。我们只是主观地以为如此，但不一定是孩子真正的想法和感受。

因此，当我们把一堂课分析得头头是道之后，在总结经验得失之后，依然想当然地按照我们自己的思维去设计教学，这样的研究就真如芮老师说的一样，成了"纸上谈兵"。

（注：通过阅读反思我们的日常教研，从而发现问题。）

上学期，我在教《珍珠泉》一文时，遇到了很大的困难。上课之前，我们做了像往常一样的预习，扫清了字词障碍，也让孩子熟读了课文。我想这样一篇条理清晰、文辞优美的文章，我们在学习的过程中一定是倍感轻松愉悦的。但是没有想到的是，我所设计的两个基本的问题，孩子们却根本无法回答。看到孩子们的沉默，看到他们大眼瞪小眼的样子，我十分不满，认为他们没有用心读，也不想积极分享他们的读书感受，于是责令孩子们读了整整一节课课文。但是孩子们似乎依然没有读懂，我只能颓然收场，除了对自己的无能感到失望和沮丧之外，对孩子的沉默更是感到窝火。

到了实在无计可施的第二节课，我没有发火，只是静静地坐在了班级的中间，过了一会儿，才慢慢开口："孩子们，老师知道你们平时表现都很棒，今天你们一定是遇到了一些难以克服的困难，老师想知道，是什么难倒了你们？可以和老师说说吗？"一开始，孩子们怔怔地看着我，不知所措，渐渐地，他们被我真诚的态度所打动，慢慢地放松下来，大胆地说出了自己的困惑。一个、两个、三个……很快所有孩子都参与进来。他们开始关注文本，开始深入阅读，开始从文本入手探讨和解决困惑。那一节课，我没有像平时那样上，我和孩子们一起读书，陪他们一起解疑，感受着他们在协同互助、轻松愉悦的氛围中渐渐攻克难题后那种发自内心的自豪和喜悦。那一刻，我觉得无比温暖、无比感动！

从那以后，我很少生孩子们的气，比起生气和训斥，更想知道他们"气人"的原因，原来孩子们也是"理直气壮"的。他们自有我们不能理解的理由。教学中每每遇到难题，我也愿意听听孩子的声音，从孩子的角度去思考，去解决问题，但是这种真正走进孩子的内心，从孩子的视角出发看问题的意识在我的心里还不够明确，我总是在迫不得已、无计可施的时候，才愿意蹲下身子倾听孩子。这种关注孩子的思维可以说是被逼无奈的。今天，看到芮老师的这些思考，我心中有了一个明确的信念，那就是走进孩子的内心。

用真诚去倾听孩子内心的声音。也许长篇大论的课后反思也不及与孩子的一席谈话更能知道课堂的得失，更能明确一个前进的方向；也许耐心读读孩子的日记，听听孩子的心里话，更能知道孩子的内心需要一个怎样的陪伴；也许一次细心认真的作业批改，就能知道孩子的不足，胜过无数的臆想和猜测；也许一次课堂观察就能让你更加了解孩子真实的学习现状，了解他们的困难，帮助他们走出困境；也许一份科学的问卷调查，一次真诚的课后访谈可以胜过会议室一群人的课后研讨……当我们愿意蹲下身子倾听孩子，走进孩子，一切为了孩子着想的时候，或许我们教学中的许多难题便可迎刃而解。

（注：从教学实例得出新认识——倾听需要真诚。）

在课改的路途中，作为老师的我们已经意识到要蹲下身子来等待，等待孩子慢慢跟上的脚步，已经愿意静下心来聆听，聆听孩子内心真实的声音，但是我们做得还不够，要真正走进孩子的内心，站在孩子的视角去思考、去作为，我们还有很长的一段路要走。

黄建初老师将芮火才老师的文章分享出来，让教师研读，必有原因。黄老师认为，芮老师的做法很简单，一个小调查，问卷加访谈，每个教师都会做、都能做，可惜的是，我们从来就没有人提倡这样做，更没有人这样做。以芮老师所做的调查和研究来启迪我们教师，关注学生，倾听学生，从根本上转变教学观念，将我们的课堂教学研究方向，从研究"教师的教"，转向研究"学生的学"，真正做到"以学生为本"，实现课堂上学生的主体地位，让每一个孩子都能作为独立的生命个体得到应有的尊严和选择权。给孩子一个发声的机会，给教师自己一个倾听的机会，一个可以从根本上解决教学中出现的问题的机会！

（注：读后感的结尾突出教师学会小调查的意义，学会像芮火才老师那样做的意义，通过结尾提升阅读与感悟的普适性价值。）

李娜娜老师的文章不仅有阅读、有感想，还有启发。因为有阅读感悟，所以引出对倾听一词的新认识——倾听需要真诚，而且对真诚做了解读。这样的读后感已经属于上乘文章了。

倾听需要真诚，这是李娜娜阅读芮火才老师的文章后得到的新认识。这认识的得出基于芮老师的文章，也基于李老师对自己教学故事的解读。这个新认识堪为实践创新的成果。

二、怎样修改初稿

虽说读后感系有感而发，但是精心修改是少不了的。

1. 推敲文章题目

例如有两个题目，一是"教育是静静流淌的细流"，二是"教育要如涓涓细流浸润学生的心灵"。这是同一篇文章的两个不同题目。我倾向于后一个题目，因为它直截了当地提出了作者的主张，而且这一主张非常有意义，值得分享。

还比如，有一篇读后感的题目是"不思来路，不问归途"，是作者阅读了吴非老师的《前方是什么》后撰写的读后感。文章很不错，但题目有点空，读者很难从题目中看出作者想表达什么教育主张。我在阅看初稿时，读到了作者的一句话，"渺小的沙砾也有自己的担当"。这句话非常好，不仅是作者个人化的话语，而且十分准确地表达了作者的教育主张——那些来自贫困家庭的民工子弟学生，即使他们身上还有很多缺点，我作为教师也要本着"渺小的沙砾也有担当"的精神，"把他们教育成为真真正正的人"。这话太好了，于是读后感的题目改成"渺小的沙砾也有担当——读《前方是什么》有感"。

有一篇读后感的初稿题目是"我愿做好'主持人'的角色"，这是一个陈述句。我尝试做修改，题目变成了"教师要转变角色定位：学做一个学生需要的'主持人'"。仔细读读，发现有点啰唆，最后定稿为"教师要转变角色定位：学做'主持人'"，变成一个议论句。作者的主张很清晰，题目也比较简练。

论文选题有三原则：求新、求小、求实，要尽量避免人云亦云、大而失当、故弄玄虚。读者首先读到的是你的文章题目，所以对题目做一番推敲很有必要。

我从好多文章读到"爱"，对学生要有爱心，这种文章比较多，既好写，也难写，要写出新意不太容易。

2. 审视框架结构

写作的程序,即文章是怎样展开论述的?我的经验是——

(1)为什么,是什么;

(2)怎样做,得到什么成效;

(3)还有什么。

以上文所述题目"教育要如涓涓细流浸润学生的心灵"为例说明。

一是为什么和是什么。为什么提出"教育要如涓涓细流浸润学生的心灵"?因为不进入学生心灵的教育常常事倍功半。教育要如涓涓细流浸润学生的心灵,是指"教育是慢的艺术"(张文质《教育是慢的艺术》)。教育不能急功近利,推崇慢教育、慢教学,不能很急。

二是怎么做和得到什么成效。教育的功效,常常不是即时可以看到的,我们现在追求的那些能够即时显现成效的教育,很难渗入学生的心灵深处,更谈不上慢慢地生根、发芽。我的教育教学常常"如涓涓细流浸润学生的心灵",举例说明方法、措施和成效。

三是还有什么。文章结尾讨论这样做的好处是,学生可以细细回味,产生离开课堂以后的教育效应。当然,运用这种教学方式,教师需要改变自己的教育观念,从学生的需求出发设计教学。

3. 思考文章的逻辑关系

文章有并立关系、递进关系、否定关系、否定之否定关系。从写作的难度看,一般来说,最好写的是并立关系,递进关系次之,否定关系有点难,最难的是否定之否定关系,也因此被视为写作中的高地。

"教育要如涓涓细流浸润学生的心灵"是递进关系的写作,换成"渺小的沙砾也有自己的担当"该怎么写?

为什么说"渺小的沙砾也有自己的担当"?因为每一个生命个体都是独一无二的。我们现在把学生用考试分等分级,对外来民工子女和边缘群体学生来说是不公平的,教育最重要的是培养出具有独立、自由、正义、尊严、热爱真理和生命等"现代人格"的普通人。我是怎么做教育的？教育需要信任，需要尊重、平等地对待每一个学生。

写了文章需要反复修改。自己改，把文章放一段时间再看一看、读一读，会有新的发现。找朋友、高人修改，请他人提意见，也是一种办法。张肇丰先生说，好文章是做出来的，好文章是写出来的，好文章是改出来的。我深以为然。

[一点建议]

撰写一篇好的读后感需要立意在先。有了立意，文章就有了"脊梁骨"，可以站立起来。尝试给文章起几个题目，从中进行比较，选择一个比较满意的。好的读后感需要把"自我"植入文章，用教育故事来论证观点。这样做的好处是，使文章与"我"产生关联。得到启发、改进"我"的教育是阅读与写作的价值和意义，也是容易与其他教师交流分享的地方。

撰写读后感与开展课题研究有什么关系呢？阅读学习如果不写读后感，可能还停留在浅表层次。一旦撰写读后感，就需要深入思考——我得到了什么启发？与我的实际工作和研究有什么关联？对青年教师来说，撰写读后感有助于教育观念的转变、理论视角的建立和学习能力的提高。

最后，读者可以阅读易中天先生的《劝君免谈陈寅恪》，了解否定之否定的文章是怎样撰写的。本书在"教师学做课题研究的意义"一节中阐述傅老师的案例时运用了否定之否定的写作方法。傅老师不愿意做课题，怕申报、汇报、检查的过程烦琐，但是他做数学教学研究时就是用了行动研究的方法。

如何撰写教育案例

💡 [问题呈现]

40多年前，教师的文章主要有两种文体：论文和研究报告。后来发现，论文和研究报告无法装载教育本身的复杂性、不确定性，总结教师的实践智慧需要另辟蹊径。于是，教育案例应运而生。可见，教育案例是教育写作发展到一定阶段的产物。

《上海教育科研》2000年第1期上的文章《一个诚实与集体主义的两难问题讨论》，拉开了教育案例撰写的序幕。而后，杂志开设了"案例评析"专栏。2002年，上海举行了"闵行杯"教育案例评选活动，这是上海市第一次以市级组织的评选活动，有力促进了案例研究的推广。

学者开始了教育案例的学理归纳。潘国青主编的《教育科研新视角》收录了教师从事科学研究的方法——案例研究（王洁）、认识案例（郑金洲）、怎样写教育案例（张肇丰）等。[①]

案例研究兴起，各地的杂志开始登载教育案例，教育科研部门开始着手研究编写教材，培训部门组织培训。教育案例研究如火如荼。

---

① 潘国青.教育科研新视角［M］.上海：上海科技文献出版社，2002.

[案例析评]

一、认识教育案例

1. 以故事引出认识

《用微笑来营造一片"阳光"》是幼儿园教师张洁丽撰写的案例。她反思自己的教学,认识到保持"微笑"的重要性。

用微笑来营造一片"阳光"

张洁丽

两天前,我带着愉快的心情进入班级,进入工作状态,笑着面对每一个孩子,温柔地和孩子们说话,觉得他们是如此的可爱,让人喜欢。一日活动有序地开展着,游戏、户外活动、上课、自由活动……

我惊讶于孩子们的表现,心里甜滋滋的。"今天他们很乖,我觉得非常省力。"

第二天,一件事打破了我的好心情。孩子们在玩滑滑梯的时候,一个小女孩被另一个小男孩推了一下,不慎从滑滑梯上摔了下来。此时我的心情糟透了,情绪也坏到了极点,可以说是"本能"的、条件反射似的去狠狠批评了那个小男孩一顿。我再也没有笑着和孩子们说话,再也没有温柔地对待他们,用的是冰冷的话语和生硬的口气。望着孩子们,我一点儿也不觉得他们可爱。怎么搞的,昨天他们那么乖,那么安静,可今天却吵死了,吵得我头都疼了。

回家后,读侯登强老师的《随火车远行》这篇文章,对照自己的言行,觉得侯老师是如此温情。他总是站在孩子的角度来思考问题,总是用自己的温情来感化那些在成人眼里的"坏孩子",而我却没有做到。联想起自己与孩子们的故事,同样是阳光明媚的天气,同样是天真无邪的孩子,不同的只是我今天心情不好。

我突然意识到，也许孩子们的"不听话"是我造成的。那天，是自己不好的情绪影响到了他们，他们感觉到了老师的冰冷与难以亲近，老师不再吸引他们，老师的话更是没有一点儿吸引力，因此，他们便不愿意跟着老师走，不愿意听老师的指令。

当心情好与孩子们亲近的时候，他们的眼睛总会盯着老师，希望知道老师接下来要他们做什么，他们愿意围在老师的身边说话，喜欢和老师一起做游戏，我想这就是老师所产生的人格魅力吧。这样的魅力如同磁铁，吸引着孩子，当孩子被吸引时，建立良好的秩序还难吗？

看来，在孩子们表现欠佳时，我不该一味责备孩子，而是要问问自己：今天我笑了吗？要从孩子的角度出发，不忘用"生命润泽生命"（孙明霞《用生命润泽生命》）。每天进入班级之前，给自己一个笑脸，给孩子们一个笑脸，别让自己的坏心情破坏了孩子们的好心情。

善待每一个孩子，其实也是善待自己。别忘了，用微笑来营造一片"阳光"。

张老师提出了一个教育主张，要"善待孩子"，"用微笑来营造一片阳光"。行文的流程是先讲故事，然后分析故事的"理"，提出一个观点。

2. 以理论剖析故事

教育中的很多事情我们好像已经司空见惯，其实是存在问题的。有发现眼光的教师能够透过表象看到问题。

侯登强撰写的《"戴高帽"之随想》从心理学角度分析了"戴高帽"的危险。[①]

那天，同事和我聊起一个他亲历的教育案例。

---

① 侯登强."戴高帽"之随想［J］.班主任之友（小学版），2010（10）.

某次,他正在讲台上讲课,教室后面一个叫民的同学从桌洞里掏出一瓶矿泉水,准备扔给远处另一个同学。

"嘭"的一声,那瓶水做了个优美的抛物线运动,直接砸到了目标一侧的一个同学的脑袋上。被砸的同学叫源,是个性格暴躁的男孩。平日里,班里的男生哪个敢这样挑衅他?民有些傻了,呆呆地坐在那里。源果真猛地转头,一脸怒气,就要起身去教训民。

老师灵机一动,笑着说:"源同学真勇敢,被瓶子砸到都没事儿。"此话一出,源近乎起身的姿势回归了原位,故作轻松地笑笑,眼里闪着英雄的骄傲。课堂依然在继续,而我的同事几次偷看源的表现,感觉他不如先前注意力集中了,危机是处理了,那源又出了什么问题呢?

在关键时刻,一句话让事情归于平淡,这无疑是老师的高明之处。可是再仔细探究一下,我发现了这教育机智背后的一些问题。"源同学真勇敢,被瓶子砸到都没事儿。"这是一种典型的"戴高帽"的处理方式。词典中这样解释"戴高帽"——与人交际时,通过说恭维的话来博得对方的欢心。同事的这句话里就有恭维的意思,而这种恭维如果仔细品味是带有功利性的,是教师为解决眼前的课堂危机而临时采取的措施,所以这样的恭维显然不真诚。当源在后来意识到这一问题后,出现注意力不集中的情况也就可以理解了。

最为重要的是,这句话是对源的品质的评价,"真勇敢"无形之中给孩子戴上了道德的枷锁。源之所以停止了攻击,并不是因为认同了教师的话语,而是因为被"真勇敢"给套住了。这样的"赞美"是给儿童的行为冠以某种道德品质的帽子,其实对儿童的成长是一种伤害。事件中的源,自然而然地会给自己一个心理暗示:如果我勇敢了,我就是好孩子,我就会受到老师的表扬,所以,我必须是勇敢的,不管遇到什么事情都不能让老师知道我不勇敢。

这样的心理体验,会滋生出很多成长中的问题。值得注意的是,在源的行为中,我们可以觉察他压抑了自己的怒火,但这并不等于消解了他的怒火。一时的安稳并不代表课后也相安无事。这种压抑的情感会在某一个时刻以更为强烈的方式表现出来。很难想象当没有老师在场的时候，源会做出什么样的事情来。教师的课堂可能暂时得以顺利进行，而"肇事者"民的危险却依然存在。

既然不能用"戴高帽"的方式，那么有没有更好的解决办法？在思考这个问题之前，我们应该明确什么样的方法是好的？

真诚地化解危机而不伤害孩子的心理，这是我想到的标准。就这件事来说：就事论事，认同源的感受，并让民向源进行真诚的道歉，才是解决事情的根本所在。公开的道歉，对源是公平的，对民也是负责任的。最为关键的是，这样可以从根本上化解危机。

有些事情之所以会越来越糟，往往是我们企图蒙蔽事实或者将教育技巧艺术化，而忽略了儿童的内心需要。"戴高帽"是危险的。如果我们能够站在儿童内心感受的角度来思考问题，就不会轻易采取这样"技巧化"的行为。如果我们能够把学生的内心体验看得比课堂进度更重要，就会停下课来好好化解这次危机。如果再用心些，我们甚至还可以将这次"危机"转化为一次绝好的教育契机。

于是，应该相信：只有触及心灵的教育才会叩开儿童成长的大门。

教师从这一教育事例中引出了"真诚地化解危机而不伤害孩子的心理"，这是作者想到的标准，其实何尝不是教育的标准。一件小事，引发的是"大思考""大智慧"。侯老师特别会写教育故事，已经结集出版了《做一个有故事的教师》。

3. 展现教师的实践智慧

我们既可以写学生的故事，也可以写家长的故事。

沈丽新撰写的《您的意见请让我知道》体现了教师的智慧，也总结了教育的经验。[1]

---

[1] 沈丽新. 您的意见请让我知道［J］. 北京教育（普教），2011（2）.

工作18年了，不管在当班主任的时候，还是不当班主任的时候，都曾遭遇过极不讲理的家长。

那年，那个无比聪慧的男孩峰，由于上课经常讲话，在多次提醒无效之后我请他坐在了教室前排听课。他的妈妈是个高中英语教师，还是个副校长。第二天，她怒气冲冲赶到学校，对着我公告："我不仅仅是个教师，我更是个教育工作管理者。"

那年，那个任性调皮的卉，因为上课时不接受我的批评拒不起立，我课后找她谈话，耽误了她接下来的音乐课。我主动打电话给卉的妈妈，希望得到她的理解与支持。没想到，她妈妈在电话里极其不客气："我们家实行民主教育，孩子可以不服从大人的话，她有权利不站起来。我没觉得她错在哪里。而且，这是音乐课，你凭什么不让卉上音乐课？"

我从来就知晓自己不是"深受所有学生和家长喜欢的教师"，也从来不存在这样的奢望。美国年度教师布朗先生说过："学生喜欢不是目的。"那个坚定地驻守在第56号教室的雷夫·艾斯奎斯老师也坦诚道："并不是所有的学生都喜欢我。"但是，当这些"不喜欢"毫不掩饰地变成"不尊重"呈现在自己面前的时候，终究会疼痛。

当时的我，是如何应对的呢？

对着峰的母亲，我佯装没有感受到她的生气，而是微笑着让座、致歉："您好。首先，看到您百忙中抽空来学校跟我沟通，我觉得您是非常注重孩子教育的家长。按道理，我做老师的，应该主动做好家校沟通工作。您今天特地跑过来，我感觉很过意不去。其次，我想，今天您来找我的目的，绝对不是来跟我兴师问罪的，一定是很想跟我就教育您的孩子方面，达成最好的沟通与交流。再次，我对您孩子的教育，所有的出发点都是为了他更全面的发展与成长。最后，如果我的工作中，在某些环节上有分寸掌握得不够好，我们可以进行充分的沟通，我也会更好地改进我的工作方法。"

我始终微笑着凝视她。面对我的微笑与专注的凝视，峰的母亲终究克制住了她的怒火。之后的沟通，她还是很有风度的，而我也保持了一贯的温文尔雅。

但是对着那张来自卉的父亲的超市购物卡，我只能苦笑。这张购物卡代表着这个父亲的歉意？

在不久之后到来的儿童节，我用等同于这张购物卡的价格给卉买了一套服装，并对卉说："儿童节到了，你爸爸妈妈前几天给我的孩子买了一份礼物，请你回去代我谢谢你父母。这是老师送给你的儿童节礼物，希望你喜欢。发票也在包装袋里，如果尺寸不合适，可以拿到店里去更换。"

卉是孩子，孩子犯错误也是寻常小事，而不愿意承认自己的孩子会犯错的成年人才比较可怕。但是，那不是孩子的错，我不准备跟孩子啰唆"儿童不宜"的话语。每一个人都处在不同的成长阶段，无论是家长还是教师。家长不可能是一个完美的家长，而教师也不会是一个完美的教师。

不完美的双方因为同一个孩子才有机缘走近，这个走近的过程应该是充溢着对彼此的尊重、信任与包容。每一个孩子在父母的眼里都是最好的，教师对孩子的批评与教育不完全被孩子父母理解与接受的现象也并不突兀。但是，我依然要向爸爸妈妈们请求："如果我有什么说得不对或者做得不妥的地方，请让我知道。"

只有教师知道对孩子的教育行为在家长眼里是不妥的，才有更正的可能。有了更正的意愿，才有可能调整对孩子的教育方式。如果家长觉得教师对孩子的教育方式有问题，应该找个合适的方式直接跟教师交流。有时候，很有可能由于某个信息的缺漏，家长对教师产生了误会。给教师一个申辩的机会，或许家长会发现这个他原以为有失偏颇的教育行为其实极其有理。

我们不能要求所有家长都温和地向教师指出他认为不对或不妥的言行。

我知道，有为数不少的家长更习惯消极地隐忍不说或者极其无理地表达。但是，作为教师，不论面对怎样的家长，我们都可以心平气和地对他（她）说："您的意见，请让我知道。"

上述教育案例可见案例的作用和意义：总结教改经验；促进交流分享；学习运用理论。就如一位专家所言："案例是教学问题解决的源泉，案例是教师专业成长的阶梯，案例是教学理论的故乡。"

二、关于案例评析的讨论

1. 案例的要素

一个案例评析由哪些要素组成？需要"故事＋评析＋主题"。

案例讲述的应该是一个故事，有时间、地点、人物及戏剧性的冲突。在这个情境中，包含有一个或多个疑难问题，同时也可能包含解决这些问题的方法。

案例对行动等的陈述，要能反映教师工作的复杂性，揭示出人物的内心世界，如态度、动机、要求。

陆有铨教授说："不要告诉我你知道什么，而要告诉我你主张什么。"这堪称至理名言。如果只有故事，还不能算是一个教育案例。

好的教育案例有什么特征？

案例故事的叙述可能有多种样式，如"T"字形、"干"字形、"甲"字形。其中的"一横"表示叙说故事，"一竖"表示分析与评论。从叙事来说，以人物串连事件，以事件勾画人物等，都可以。但是不管何种叙述，都有一定的规范。

2. 案例的特征

好的案例都有共同的特征：材料的真实性——真实的故事；选题的典型性——典型的案例；叙述的生动性——生动、可读、有趣；含义的深刻性——富有教育哲理。

对教师来说，要抓住两个关键词——时代性与实践性。以真实的故事与评析，反映当今这个时代的教育；以解决教育实际问题，展开总结和交流。

怎样给案例故事做评析，是教师撰写教育案例的难点。"找到合适的切入点结合教育理论加以剖析"，这是比较难的地方，需要慢慢习得。教师写出自己经历的故事不难，需要补上的是阅读学习，打开视野，习得教育理论，以理论视角来分析教育故事。所以，需要不断读书，也要读时文新论。

3.做一个有故事的教师是幸福的

记者李茂在《故事的力量》(《做一个有故事的教师》序)中,分析了教育故事对教师成长的意义。①

世界上有两类人,一类是做过教师的,一类是没有做过教师的。做过教师的人,有一笔财富是那些没做过教师的人永远无法拥有的,那就是他的学生。教师拥有的其实也不是他的学生,他拥有的只是他和学生的故事。"真正优秀的教师能够读懂孩子的故事,而且能够抓住不平常的机会帮助作者创作故事。真正优秀的教师知道如何把信心与成功写入故事中,他们知道如何编辑错误,他们希望帮助作者实现一个完美结局。"

正是在帮助学生书写自己的故事的过程中,教师创作了世间最珍贵的故事。如果一位教师的心灵深处没有那么几个令人回味的故事,那他做教师真的太亏了。因为就像有的学校给教师这个职业所做的定位那样,教师本应"在学生今日之爱戴与未来之追忆中,寻找富有乐趣的教育人生"。如果一位教师能把他和学生的故事写下来,跟更多的人分享,那他简直就是一位富翁了。

我的观点又一次被案例评析所验证:教师的经验镶嵌在教育情境(故事)中,一旦抽离了教育场景,变成干巴巴的几条原理、规则,可能就一文不值。所以,我们需要故事,需要以故事来理解教育的真谛,从而逼近教育的内核。

[一点建议]

教师要做好案例评析,需要做好充分的准备。

---

① 侯登强.做一个有故事的教师[M].北京:教育科学出版社,2013.

学习与思考。大量阅读是必不可少的。阅读可以使教师对教育的现实保持足够的敏感。如果认为教育就是眼前这样的，大概不会看出问题来。要想形成教育主张，需要对什么是教育、什么是教学、何谓知识、何谓学习，修炼出具有高度和深度的理解。

实践与写作。在动手写作中习得经验，勤能补拙。实践性知识，靠动手积累。这可以用"默会知识论"说明。有两种知识，明言知识和默会知识，我们所能够格式化的知识都是明言知识，大量的默会知识是需要在"做中学"的，因为它常常是"只可意会，不可言传"。

总之，做一个好的案例，首先在于案例的选择，其次要从案例中提炼出一个有意义的主题，再次案例的行文要注意结构的安排、材料的处理、重点的把握和技巧的运用问题，最后成文后反复修改是必不可少的重要工作。

如何把案例评析做成经验论文

[问题呈现]

教师撰写的教育案例能否进一步编辑成书？答案是肯定的。侯登强是山东省的一位小学语文教师，他在博客上经常贴出他与学生的故事，这些故事生动活泼，给人以启迪。后来，这些教育故事得到编辑的青睐，集中编排诞生了一本文集《做一个有故事的教师》。

把几个案例组合成一篇论文是否可能？应该也是可以的。这可以打破原来的写作局限。曾经有很长一段时间，教师的经验论文形成了一种模式，即用教师的经验证明某一个理论是正确的。

我做过教育案例撰写的培训，搜集相关资料开设专题培训班给教师讲"如何撰写教育案例"，还组织了教育案例的评选，大大促进了教育案例的撰写。由此，我搜集到了许多教师撰写的案例文章。阅读这些洋溢着教师生活气息的文章，我认识到教育案例可以把教师生活的方方面面通过文字展现出来，以便交流分享，获得对教育的理性认识，进而过一种幸福生活。

[案例析评]

一、把案例整合成经验论文

大量的教育案例就是以一个故事独立成篇，而我工作室的学员瞿老师撰写的《难忘的家访》,把三个家访故事整合起来做成了一篇经验论文。我从中认识到同一类型的案例评析可以通过整合形成经验论文,这也得到了编辑的赞赏和教师的认同。

难忘的家访

瞿琳灵

家访是我们幼儿教师的一项常规工作,特别是对新生的家访更是备受重视,每次暑假,我们都会顶着烈日,尽力保证家访的"全覆盖"。我们希望,通过家访初步了解幼儿的生活习惯、兴趣爱好和家庭教育环境,也了解家长怎样从事幼儿的家庭教育。我们也想让幼儿尽早认识老师,初步建立师生间的感情纽带。

我们带着明确的目标走巷串户,准备交谈的问题事先都有预设,怀揣着希望一户户走访,结果却是难以预设的,因为家家都有一番不同的情景……

一、问号爸爸

没有见面时,我们和家长心中多少会有些忐忑:我们会担心孩子发展水平怎么样?家长是否开明、配合?家长担心的似乎更多了:老师脾气好么?学历怎么样?教育方法是否合适?……但从未有人"打破沙锅问到底",直到遇见了小海爸爸。

到小海家的时候,父母和孩子都郑重其事地在大门口"列队"迎接,进门后也非常客气地送上饮料、水果。起初交谈,我们在主导话题、询问各种情况中进行。当我们的"预设目标"完成得差不多时,小海爸爸开始"发力"!

"老师,您是哪所中学毕业的?"——大家都是本镇人士,基本从就读哪一所中学就可以了解当时读书的基本情况。幸而,我是本镇"名校"毕业的!

"您是华师大毕业的?还是上师大?"——通常情况下,大家都喜欢华师大，因为录取分略高一些，社会评价略好一些。又有幸，我是华师大毕业的。

"您毕业后又进修过吗？"——毕业后进修与否，从某种程度上可以证明一个人是否拥有上进心，他们希望自己孩子的老师不断进步。我进修了，而且修了法律，虽然不是本专业，但是因为"法律"对人们而言就是复杂的、难学的、神圣的，所以我学法律，似乎显示了我"挺聪明"，小海爸爸露出满意的神色。

"您家住哪儿？是自己的房子吗？"——小海爸爸非常坦率地告诉了我这个问题的含义：他认为，如果一个老师拥有良好的家庭条件，那么他做老师就不会单单是为了赚钱，才有可能将这份工作当成事业来做。

"您……"，小海爸爸的问题接踵而至，问题的严肃性不亚于"公务员政审"，我甚至觉得他就像"007"！那一次家访足足用了一个半小时还未完成，因为我们接下来还约了其他家访，所以不得不中断。

对小海爸爸的心情我理解，我不会计较他的严格、较真。因为家访前，我们对新生及其家庭的认知是幼儿姓名、性别、联系电话、父母工作单位、家庭地址。相对而言，家长们就"吃亏"多了，对我们的认知，常常只是一个电话："我是××老师，您的孩子现在是我们××班的小朋友，我们想来家访可以吗？"他们会臆测、会忐忑，急着想要为自己的孩子多了解一些老师的情况，希望遇到一个他们信赖的老师。将心比心，我不也这样吗？

二、任性父母

这一届孩子的父母好多是"80后"。常常听到有人批判"80后"——娇生惯养、只知享受、缺乏责任感。确实，"80后"中的大部分人婚后都和老人同住，家务由老人包办。生了孩子，也由老人带大。"责任"一词，在他们的脑中没有停留空间。小敏的父母就是其中的代表。

我到小敏家时，小敏和奶奶负责接待我。孩子很乖巧，也不怕生，和我有说有笑。谈笑间听到房间里有声响，于是侧耳倾听。结果孩子的奶奶面露尴尬，不好意思地说："孩子的爸爸妈妈在书房打游戏。"

我蒙了：自己的孩子要上幼儿园了，要进入一个小社会了，这个小社会的"总统"上门来了，他们竟然连招呼也不出来打一声，自己关起门来"夫唱妇随"，好一个夫妻档双打！责任呢？礼貌呢？都不知哪儿去了。他们全然不知自己的行为其实也是一种无声的"教育"。孩子的奶奶还细数了平时自己为孙女的成长做出的贡献：

"小敏从出生到现在都是和我睡的！上次要让她和爸爸妈妈睡，半夜哭得实在厉害，就只好又回我这儿了。"

我心想这也难怪啊，不都说婴儿是按照气味认人的吗？从小闻着奶奶的味道，哪儿还记得父母的味儿啊！这父母当得真够离谱的。

"这孩子身体不好，经常生病，我经常一个人带着她乘公交车到上海看病。早上起得早，我就不叫她爸爸妈妈了，让他们睡吧。"

哎，可怜天下父母心，可您现在着实有点儿"怜"得过分了！家里不是有车吗，为什么就不让他们送一下呢？这不是他们自己的孩子吗？

"小敏所有的开销也是我负责的，衣服、奶粉、读书，反正一切我都包了。"

那么，当初您培养您的儿子是为了什么？就为了让他"自私"地过完一生吗？

奶奶说了很多事儿，却没有一件让我觉得佩服，只觉得气愤。当然，我没有将自己的真实想法说出来，心中却百转千回。同为"80后"，我感到惭愧；同为父母，我自问必须做到对得起自己的孩子；同为子女，我为其父母悲哀。

想起我妈妈的话："我愿意为你'做牛做马'，因为你是我的孩子，现在你们面临的社会压力也大，所以一门心思努力工作吧！以后，你也要为你自己的孩子'做牛做马'，做一个好妈妈。"所以，现在我女儿的养育重担，绝大部分是我们夫妻自己负责，妈妈很少帮忙。而且，我觉得自己做了父母，为孩子真正付出了以后，才能"长大"！

突然想到：也许下次家长会，不能光是我一个人唱戏，而是让我妈妈给这些爷爷奶奶讲讲"包办是有底线的"，对"80后"父母的教育还是不能放弃。

三、"闪亮"妈妈

其实,"80后"还具备那些有时代特征的亮点,如敢想敢做、勇于创新、思想进步等。

我自己也是"80后"。我一直觉得自己挺不错的,不论是性格还是学识、工作,都得到了同事们的称赞。当然也有好多小毛病,如有惰性、耐挫力不够等,所以我不敢说自己"闪亮"。我一直认为"80后"的人要"闪亮"几乎是不可能的,因为大家多少存在某些通病。

因为家访,我认识了小钰妈妈,不仅为小钰妈妈的"闪亮"折服,也改变了我曾经的偏见。

我们去家访的日子是双休日,结果小钰妈妈的电话不断。她很有礼貌地请我们见谅、稍等;小钰看到妈妈接电话了,没空招呼我们,就主动上前和我们聊起来,还牵着我参观她的房间,介绍她的"好朋友"(各种玩具)。等小钰妈妈接完电话,小钰就不出声了,笑嘻嘻地在我们旁边听我们谈话,适时回答一些我们对她提出的问题。这样的孩子简直太"完美"了,这四年是怎么教育的呀?

小钰的父母是引进人才,来上海五年了。因为爸爸常年出差,里里外外全由妈妈一个人操心。从怀孕到孩子出生,再到对孩子的抚养、教导,外加家务以及自己的工作,没有一点儿外力相助,可以想象出小钰妈妈的担子不是一般地重。最难得的是,她似乎是"全能"的:个性很好,我们和她沟通很容易;孩子的教育也挺成功,小钰聪明活泼、体贴人、懂礼貌;她自己的事业也没放弃,已经是经理助理,还修完了硕士,简直是我学习的楷模!

在我的"不耻下问"后,小钰妈妈介绍了一些她的育儿经:每天最少和孩子一起玩半小时,给孩子讲睡前故事,多带孩子外出交朋友,让孩子多做一些力所能及的事,不打骂孩子,多和她讲道理……其实这些我都懂,很多家长也都懂,关键是能不能坚持,让每一天的努力累积为成就!

那一天的家访,因为小海爸爸的"问号"连连,我有了展现的机会,"自我标榜"了一回;因为小敏父母的任性,我在批判中获得了一些警示;因为小钰妈妈的"闪亮",我"矮"了一次,生出了新的认识和赶超的意念。

家访还会继续,我要学会用发现的眼光看家庭教育,以此反观我们的幼儿教育,收获新知,重构我的育儿理念。

家访,不仅是我了解孩子和家长的一个过程,更是我学习、思考的一个过程。

三个案例描绘了三种类型的家长,作者从中发现了不寻常的意义。用案例评析阐述了家庭教育对孩子成长的重要性,不亚于一篇哲思研究的文章。

像瞿老师这样把几个同类型的故事整合成一篇经验论文,对教师来说不难。如果要说难,就难在勤于动笔记录故事,还要加以评析;难在要找到论文的中心思想,也就是要给文章立意,有了立意就可以把案例故事串联成文了。

二、案例评析式论文的意义

怎么评价教师撰写的案例文章呢?侯登强老师有发言权。他在《做一个有故事的教师》一书的后记中阐述了自己的观点,其实也是对教育案例故事与教师心灵成长关系的一种解读。①

星星点灯
——我和我的孩子们(节选)

从来没有陪伴一群孩子共同走过三年多的时间,也从来没有在记忆深处镌刻下这么多可爱孩子的故事。这一段路程注定是我生命中最有质感的行走,我陶醉在和孩子相处的时光里,编织着属于我们的故事,这些故事又润泽彼此的心灵,丰盈彼此的生命。我的世界因这些孩子而变得辽阔、清

---

① 侯登强. 做一个有故事的教师[M]. 北京:教育科学出版社,2013.

澈、通达。

面对孩子，我常常回到自己的童年。在遥远却清晰的记忆里，石头上的纹路、花草的芳香、虚幻的梦境甚至当时怦怦的心跳都可以重现。我不时叩问自己：今天该如何面对这些花儿一样娇美的生命？他们的心里保持着对世界的敏感，我可不可以引领他们体悟更多的善良和美好？

班里也有智力缺损的孩子，呆滞的目光，无助的表情，深深刺痛了我的心。他其实是会微笑的，常常在我的办公室窗前张望，跟我打招呼。每当他向我表达善意的时候，总有一种愧疚感油然而生：太多的老师一直忽视他的存在，才让他变得孤独、封闭。

于是，我学会了耐心地倾听他的言语，学会了课间和他一起做适当的游戏，学会了把心痛藏在心上，把微笑挂在脸上。孩子们教会了我什么叫"敬畏"，什么叫"谦卑"。

走近儿童，我越发感觉到生命的神奇。孩子正如一粒粒种子，总会有一个美丽绽放的动人时刻，只是需要我们等，需要静静守望。班里的每个孩子都有神奇的地方，只要我们有发现的眼睛，就会为孩子的成长所感动。

走进教室，站在讲台上，我有时会发呆：这些孩子是多么神奇啊，我可不可以引领他们走进知识的王国，点燃他们对学习的热情呢？于是，讲课的过程中，我会很自然地慢下来，看看他们的表情，听听他们的感触，捧着一颗谦卑的心，再弱小的生命都值得敬畏。

一个教育者要在学生面前保持必要的谦卑。

"走近儿童，观察儿童，帮助儿童。"一直以来，我把这样的话语当作自己教育生活的信条。在和这些孩子相处的三年多时间里，我把目光投向他们的生活，审视着他们行为背后的秘密，让自己进入半工作、半研究的状态。曾经写下这样的话语："一个教师的幸福在哪里？在孩子那里。把你的心放在那里，自然就会生出幸福和快乐。"

从孩子们的故事中，我越发明白，孩子行为的背后往往有着某种深层次的原因，问题孩子往往出自问题家庭，有时批评是解决不了问题的，需要抚慰疏导，需要呵护同情。

走近儿童的过程也是倾听的过程，孩子们教会了我倾听。有声的语言需要倾听，语言背后的那份心情更需要关注。在言语的背后，有一颗颗童心在跳跃，需要我们去探寻。倾听，把身子俯下去，进一步接近孩子，一个教育者应该有这样的姿态。听得越多，教育的智慧就会自然迸发出来。

尤为奇妙的是，当你习惯于用心倾听之后，也更容易听到自己的心声，那是一种照镜子的感觉，也是自我对话的过程。

看着天上的星星，我一个人会笑出声来——倾听儿童的心声才可以成为真正的教育者，不懂儿童是不可以当老师的，和那些星星般的孩子在一起是我的使命。和孩子们在一起的日子，我找到了心灵的归宿。还要怎样表达呢？遇见这些孩子，我才真正找到了教育的幸福，是他们开启了我新的教育人生。如星星点灯，孩子们为我照亮了前行的教育之路。

当教师记下足够多的案例故事后，出一本文集就不是一件很难的事了。至于这本文集能否可以算作教师的成果集，那是另外一件事情了。

教师由于与学生的相遇，生出对生命的感悟，对教育的感慨，是教师生命成长的一条路径，也奠定了教师专业发展的坚实基础，这是不容置疑的。

[一点建议]

把教师与学生、家长的故事辑录起来形成一本书，已经不是一个难题了，关键在于积累，这很考验教师的恒心与忍耐力。还在于需要给文章找到中心思想，这就是文章的立意。

这里需要教师做的就是广泛地阅读教育理论书籍，能够用理论视角剖析故事，从而完成普通故事到案例评析论文的华丽转身。

如何撰写课例研究报告

[问题呈现]

教师会上课，却不会"写课"。有教师上了许多研究课，好课不少，比较出挑的课例研究报告却不多。

"写课"类文章存在的主要问题是：研究主题不明确、不集中；研究过程中没有课堂观察员的观察与分析，搜集的资料少；解读教学的过程中还缺少从理论视角出发的分析。

[案例析评]

撰写课例研究报告看似是一个怎样写的方法问题，其实不然。

做是写的前提，所以做在写之先，先要做，然后才能写；思在做之前，所以思考在实践之前，要先思考、想明白，然后再实施教学改革实验。

一、课例研究需要先有思考和设计

1. 课例研究需要凸显研究元素

很多文章把课例与课例研究混为一谈，反映出他们在思想认识上有偏差。其实，两者是有区别的。什么是研究？刘良华教授认为，不管是专家的研究，还是教师的研究，都需要有"问题与假设""过程与方法""结论与讨论"。所以，要让家常的"课例"进入研究的范畴，需要在课例上植入研究的元素。

课堂实录不等于课例研究。课堂实录向读者呈现了一节课的全过程，如果没有对其中的细节做分析，读者很难认识到其蕴含的深邃意义和独到智慧，所以需要有分析与解读。有专家认为，范例是实践智慧的有效载体。[①]

所谓范例，是一个经过选择、加工的实践情境，或者说是一次权衡、筹划的具体展现。未经加工的原始状态如观摩现场、课堂录像和教学实录等，虽然其中蕴含着大量的执教者的实践智慧，但由于信息比较庞杂，学习者往往难以有效地提取和领会。而经过加工编辑的范例相对集中，明确地反映了某种特定的理念和取向，因此可以更有针对性地引导学习者感受特定的情境，引发联想和思考。

把教学研究做成一个范例，需要遵循学界一致认同的课例研究规范。

2. 课例研究需要聚焦研究主题

先设计后实施。找到一个关注点，它是作者比较感兴趣的，也是需要解决的实际问题，转化成一个研究课题或研究主题，做持续的课例研究。

这个转化就是课题设计。比如，"指向深度学习的教育生态变革研究"可以分解成很多子课题。以地区为单位，变成一个龙头课题"指向深度学习的草原教育生态变革的行动研究"；再细分，变成"小学语文教学中以深度学习为抓手促进课堂变革的行动研究"或"小学三、四年级数学教学中以深度学习提高学生高阶思维能力的课例研究"。设计一个规范的课题，也许会绞尽脑汁，但是功夫是不会白费的。找到一个好课题（或主题），就是一个

[①] 张肇丰. 从实践到文本——中小学教师科研写作方法导论[M]. 上海：华东师范大学出版社，2016.

好开头。

3. 课例研究需要有文献阅读

围绕自己的课题寻找相关文献，做解读和分析，找到研究的理论依据。

寻找理论依据和实践依据。建议把实践依据放在理论依据之前，一线教师面对的是学校教育的实态，是实际问题，然后再寻找理论依据。现在，专家提出用理论视角代替理论依据（理论基础）。

在文献阅读的基础上，凸显问题并形成研究假设。

下面以《高中语文生成性教学的课例研究——以鲁迅小说〈药〉为例》说明。

在实际的教学实践中，我们常常关注的是教师的教学任务是否完成、教师预设的教案是否完善、教学流程是否流畅。教师一旦碰到了生成性问题，不是置之不理就是轻描淡写地应付了事，千方百计地把学生拉到自己预设的教学设计中来。

希望通过这次的课例研究活动，来发现和诊断我们的课堂，通过我们对课堂的观照，来发现问题，归纳课堂生成教学的误区和生成中面临的尴尬，然后分析原因，寻找改进的对策，以便今后的课堂教学能更好地把握生成的度、生成的原则和生成的有效性，使课堂能够真正成为学生灵性发挥和展现的空间。

在形成研究假设中，对问题的辨析成为关键。

二、用调查搜集证据，对证据做初步解读

1. 学做调查研究

学会用调查研究搜集证据，验证假设是否成立。

课例研究需要有合作伙伴走进教室做观察员。观察员的职责是搜集证据。卜玉芬老师观察王晓叶的数学课《函数的初步认识》，运用了课堂观察、课后访谈、实物分析，把学生的作业单用手机拍摄下来，作为证据证明。克旗萃英学校的张慧老师补上了问卷调查。把观察员教师的课堂观察作为证据，说明实验课教学实现了预设的目标，比自说自话、推理要好，更有说服力。这就是实证研究价值的体现。

2. 需要课后研讨交流

每个课堂观察员分别观察若干个学生，看到的现象需要在课后交流中陈述清楚，以便汇总整节课上学生的学习状态。不管是学习中的精彩亮点，还是学习困难或思维障碍，对执教者与观察员来说，都是需要了解和辨析的。

由于每一个观察员都需要陈述，课后交流研讨环节时间比较长，因而留足研讨时间非常重要。研讨组织者要能够穿针引线，引导教师不对执教者做评价，而是对教学过程做研究。

教学需要有"第三只眼睛"的观察与解读，才有可能反映某种特定的理念和取向，呈现出教师的实践智慧，进而获得共享共有。这"第三只眼睛"是参与研究的专家。如果没有专家的现场参与，可以阅读并引入专家的观点、结论代替。

3. 撰写课堂观察与分析报告

经过研讨、交流，观察员还需要把观察到的故事和对故事的初步解读撰写成文章提交给活动组织者或执教教师，让执教教师在撰写课例研究报告时作为资料参考。

将课堂观察撰写成文章就是"课堂观察与分析"，它记录了观察到的学生学习状态、故事，分析了背后的原因。一文一主题即可，不必面面俱到，看到的现象不需要一一罗列出来。从证据的互证来说，还需要用访谈、问卷以及实物分析作为多重证据，这样更有说服力和可信度。

三、从理论视角出发解读课例研究过程，得出研究结论

1. 描述研究过程，是用理论解读课例的基础

安桂清教授提出用描述取向的课堂教学评价以弥补量化评价的缺陷。①

描述性教学评价为课堂教学评价改革提供了另一种可资借鉴的模式，代表着课堂教学评价改革的新思路。在表现形式上，描述性教学评价的结论不再是简单的某个分数或某个等级，而是一个体现描述、研究与评价一体化的新文本。……描述、解释、改进、启示四个方面呈现着这个新文本的基本框架。透过这个新文本，我们不仅可以体会描述性评价的内在张力与启发性，更可以得出对教学本质的把握很大程度上只能经由对具体情境的描述予以实现。

描述取向的教学评价弥补了量化评价的局限，拓展了研究的宽度。刘良华教授倡议教师做调查研究和行动研究，写叙事的行动研究报告。描述取向的教学评价与撰写叙事的行动研究报告为课例研究的撰写提供了理论依据。

2. 解读课例研究过程需要理论视角的观照

撰写课例研究报告是一个水到渠成的动作。如果前面的研究实践已经完成，撰写并不难，只要掌握基本规范，用夹叙夹议的文体即可。

教师之所以会感到撰写起来有困难，不外乎三方面的问题。一是研究主题不清晰。二是研究过程缺乏课堂观察员协助。没有课堂观察与分析作为基础性材料，陈述教改效果时往往又回到主观感受，以教师的感受作为证据来证明，客观性不强，可信度不高。三是缺乏用理论视角来分析事实，所以往往陷入就事论事的肤浅，没有用合适的理论来分析和解剖事实，无法找到隐藏在事实表象背后的深层次原因。没有高站位的审视，也就难以做深入本质

---

① 安桂清，李树培. 课堂教学评价：描述取向［J］. 教育发展研究，2011（2）.

的剖析。

进行课例研究之前，教师学一学怎样撰写案例评析，是有意义的练习。案例评析的关键在于"分析加评论"。用案例评析来提升教师的写作能力，既有提高文字表达能力的写作训练，也有给教育故事提炼观点的思维训练。

理论视角很重要，所以教师需要阅读，而且是大量阅读。理论视角越丰富，给教育事实找到一个有意义的评析越容易。

[一点建议]

教育写作不是教会的，而是写会的，撰写课例研究报告需要在"做中学"。

做课例研究，教师个人"单干"会比较困难，需要得到学校和同伴的支持。

课例研究做得比较好的学校往往具备四个要素：校长的领导和支持，是很重要的因素；科研主任的组织工作，包括组织活动和开展读书会，形成研究的学习共同体；教师个人的努力程度，需要一支先锋队，有一群人的通力合作；专家的指导和帮助，在研究的关键和关节处，专家的视野和理论视角是拨开迷雾的导引。反之，缺少一个要素会影响研究进程，缺少两个要素，研究几乎就会停滞不前。

课例研究报告的阅读与借鉴

💡 [问题呈现]

如何学会撰写课例研究报告，模仿是第一步。教师需要阅读完整的研究报告，从中学习写作。

📖 [案例析评]

这里呈现一篇完整的课例研究报告，以供阅读与借鉴。呈现原貌的目的是从全貌来阅看和分析。

高中语文生成性教学的课例研究
——以鲁迅小说《药》为例

刘姣

一、课例研究背景和前期研究计划

1997年，叶澜教授率先在国内提出了生成性教学的思想，她指出我们必须以动态的观念对课堂教学进行全面的、重新的审视。在课堂教学过程中，我们必须改变原先只重视强调教案的观念，让课堂在师生参与的过程中实现新的教学目标、教学内容、教学过程、教学思路与方法的生成。然而，在实际的教学实践中，我们常常关注的是教师的教学任务是否完成、教师预设的教案是否完善、教学流程是否流畅。教师一旦碰到了生成性问题，不是置之不理就是轻描淡写地应付了事，千方百计地把学生拉到自己预设的教学设计中来。正是在这样的教学过程中，学生对高中语文的学习兴趣降至冰点。

基于这样的教学现状，我们把这次课例研究的主题定为："改进课堂的预设，提高生成的成效"，选择沪教版高一下册第13课鲁迅的小说《药》作为研究载体。

选择鲁迅的小说《药》作为研究载体，主要是因为这篇文章向来是我们指导学生进行小说阅读的经典窗口，而学生对于小说有一定的阅读兴趣，用它来发现和诊断我们的课堂，对现阶段关于生成性教学的透析，具有一定的代表性和典型性，也易使高一学生产生兴趣、引发思考。

因此，基于对这篇课文的生成性教学的课例研究，我们确立了三个观察点：(1)教师的问题预设；(2)师生碰撞中教师的应对；(3)目标达成的过程观察。

我们希望通过这次的课例研究活动，来发现和诊断我们的课堂，通过我们对课堂的观照，来发现问题，归纳课堂生成中教学的误区和面临的尴尬，然后分析原因，寻找改进的对策，以便今后的课堂教学能更好地把握生成的度、生成的原则和生成的有效性，使课堂能够真正成为学生灵性发挥和展现的空间。

二、课例研究实践过程

1. 原生态的问题呈现——预设与生成矛盾重重

第一节课，为了展现课堂的原貌，充分暴露问题，教学设计由执教者独立完成。研究人员分别从不同的角度观察和分析课堂。整堂课上，研究人员发现，学生发言相当踊跃，课堂气氛也比较活跃，但暴露出的预设与生成的矛盾也比较多，归结为以下几点：

（1）课堂预设问题的分析和诊断。

教学中，教师提出了四个预设的主问题。

a. 本文讲了一个什么故事？

b. 在本文众多的人物当中，哪个人物给你留下了最深的印象？

c. 本文众多的人物当中，你觉得哪个人物刻画得最成功？选择本组最感兴趣的一个人物加以赏析，说说为什么。

d. 小说《药》中，这些人物身上的病症在当代人身上有吗？

研究人员发现，教师的问题预设主要存在以下几个问题。

第一，问题的预设缺乏目标性。比如问题a，设计者的意图本来是要"引导学生厘清小说的情节思路，也为下文厘清小说的人物关系、赏析小说的形象做准备"，但从课堂实际的效果看，占时五分钟，学生并没有从这个问题的设计中获取更多的关于文本的有效信息，且游离于本节课的核心目标"对人物的个性、共性、典型性的赏析"，直接导致的结果就是本节课拖延近五分钟，课堂节奏表现为前松后紧。

第二，预设的问题缺少严谨性和鲜明的指向性。比如问题b作为本堂课的核心问题之一，它统领了整堂课的方向和流程。所以问题一旦提出，就要统摄整个课堂，对学生有鲜明的指导作用。但是，实际教学过程中，教师用语过于随意，问题指向不鲜明，直接导致学生回答问题的无所适从和师生对话、生生对话、生本对话的搁浅、浮浅和凌乱，也没有起到帮助学生解决和落实好"赏析形象"这一教学目标的落点和抓手，直接导致出现师生追问的死角，也冷了课堂的气场。教师的安慰语"说不出，没关系，慢慢来"就更加显得无奈和无助。

第三，预设的问题，尤其是小组讨论的问题思考空间不大，也缺乏讨论的必要性和争辩的空间。问题c应该是一个各抒己见的问题，小组讨论很难在短时间内达成共识，也难以在后来的交流中出现交锋。没有认知的冲突便没有认知的突破，没有了认知的突破也就没有了课堂生成的深入和深度。

第四，预设的问题过于看重思维的结果，轻思维的过程。问题d"小说《药》中，这些人物身上的病症在当代人身上有吗？"这样的设计学生固然感兴趣，也容易产生与现实生活的种种勾连，但却明显失于简单的对号入座。课堂中关于"方舟子到底是阿义还是夏瑜的争论"就明显流于肤浅，学生并没有从本节课中学到分析一件事情、评价一个人物的方法和态度，依然停留在感性的、不加分析的、脱口而出的层面。这实际上还是有违高中语文课程标准中关于培养学生思维能力和品质的要求的。

（2）执教者的反思。

课后，执教者感到整节课一方面深受"生成性"这三个字的压迫。一方面，面对师生碰撞、生生碰撞中出现的新情况和新问题，不敢逾越，不敢表达自己的观点，更不敢"穷追猛打"，刨根问底，而是一味地压抑自己，直接的结果就是整堂课的浅生成和生成的浮泛；另一方面，也深受"预设的问题和流程"的束缚，重思维的结果而非过程，重教学的流程而非新的教学内容、问题的建构。这的确是一节原生态课堂的呈现，其中预设与生成的矛盾暴露了很多，有许多问题亟待解决和突破。

2. 改进课的面貌呈现——预设的改进、达成的遗憾

（1）改进的概况。

第一次课上下来，研究人员和执教者对问题进行了提炼和总结：一是关于小组活动的成效问题；二是关于教学目标的设置问题；三是教师对应对时机的把握、技巧的掌握和教学机智存在不足。针对这些主要的问题，执教者对教学设计主要做了以下几点改进。

第一，对预设的目标进行了取舍和修改。改进课增加了"分析归纳把握人物个性和共性的方法"这一知识与技能目标，尝试处理生成性教学和知识性教学、概念教学的矛盾。

第二，修改和简化了教学环节，改进了问题的预设，具体内容如下表。

教学设计之一	教学设计之二
a.本文讲了一个什么故事？ b.在本文众多的人物当中，哪个人物给你留下了最深的印象？ c.本文众多的人物当中，你觉得哪个人物刻画得最成功？选择本组最感兴趣的一个人物加以赏析，说说为什么。 d.小说《药》中，这些人物身上的病症在当代人身上有吗？	a.本文写了哪些人物？ b.你觉得小说里面哪个人物刻画得最成功？为什么？如何分析把握人物的个性。 c.本文写了这么多个性鲜明的人物，可以将他们分成几类？分类依据是什么？ d.本文这么多的人物，谁病了？什么病？作者借此要表达什么？这些人物身上的病症引发了你怎样的现实思考？

教学设计之二删除了"故事情节的概括和交流"这样游离于核心教学目标的环节；改进了课堂的提问，使问题的指向更明确，且体现一定的梯度，尤其是课堂讨论问题 c 的设置，增加了难度，也增加了讨论的必要性，使之更符合学生的认知规律，也希望以此激发学生讨论的积极性，期待更积极的课堂生成。

第三，改进了教案，采用第三框教案的设计形式，对课堂生成的可能进行预估。

	教学环节	教师活动	学生活动	设计意图
教学设计之一	品读文本，揣摩形象，口头评析。	1.请学生根据预习排出小说的人物表。 2.教师提问：你觉得小说里面哪个人物刻画得最成功？为什么？	1.小组交流，选择一个人物的精彩语句（2~3处）加以品读、咀嚼，揣摩人物个性。 2.每个小组选定品读和品评的成员，准备交流。	学生学会寻找并精读课文中的精彩段落，学会评析人物形象，并在学习实践中加深对文本的理解。

教学活动及提问	预期的学生反应	教师对学生课堂反应的应对及注意事项	设计意图
教学设计之二 本文写了哪些人物？你觉得小说里面哪个人物刻画得最成功？为什么？	1. 学生可能有遗漏和找不全人物的问题。2. 对于"看客"等群像和"夏瑜"这样隐性存在的人物的争论。3. 转移问题，混淆"刻画最成功"与"印象最深刻"的概念。4. 说不出成功的原因。	1. 建议学生按出场顺序自查找出遗漏。2. 顺势引导学生开展怎样判断"谁是小说人物"的小讨论。3. 适时地追问分析人物个性的方法。4. 教师注意不要求全责备学生，及时进行方法的归纳。	引导学生初步感知文本和形象，给学生独立思考问题、表达见解的时间和空间，掌握分析、把握人物个性的方法，也为接下来小组讨论、深入探究做铺垫。

（2）课堂的遗憾和执教者的反思。

改进课的最大遗憾便是时间严重不够，教学内容只完成了五分之三，板书设计未完成，也远没有第一堂课的流畅与美观。小组讨论后仅剩五分钟，而且因为时间的紧迫、教师的焦虑，教师未能抓住将学生的理解引向深究人物的典型性和探究主题的绝好时机，学生觉得很不过瘾，教师也觉得很遗憾。研究人员建议，再上一节课，完成本节课未完成的内容，执教者欣然同意。延伸课放在当天下午的第四节。

3. 延伸课的精彩呈现——预设的修正、生成的精彩

在研究人员的建议下，教师对延伸课做了以下思路的调整：延伸课的起点从小组讨论的问题"将人物进行归类以及分类标准"开始；延伸课重点聚焦于小组讨论时焦点问题的交流、探讨，而非结果的展示。

师： 请今天上午讨论得最激烈的第4小组来说说，今天上午争论的焦点问题是什么？

生： 是关于华家和夏四奶奶的归类问题。是将他们归为一类还是分开，我们意见不能统一。

师： 那么，能不能请你们这个小组的成员分别来说说各自的观点？

生： 我认为不能将他们归为一类。相比夏四奶奶对儿子的不理解，华家的行为更显残忍。他们不仅不同情夏瑜的被杀，还买用他的鲜血制成的馒头来给小栓治病，这是非常残忍的行为。

生： 我不认为华家非常残忍，他们只是太迷信罢了，因为当时绍兴那个地方的人都认为人血馒头能治痨病。就是一种迷信的行为罢了，与残忍无关。

生： 看他们这样争执不下，我也不知道该支持谁了。

师： 这个问题确实有争论的必要。华家和夏四奶奶在对待夏瑜的态度上到底有什么区别？有没有本质上的区别？（追问一。）

（围绕这个问题，教师设置了第二次课堂的讨论环节。讨论的气氛比第一次更活跃。）

生： 没有本质上的区别。华家和夏四奶奶的出发点都是对儿子的爱，只是华家表现得更自私一些，为了自己的儿子，不顾别人死活。

生： 是的。其实两者并没有本质上的区别，都是底层的劳苦大众。

师： 他们既没有本质的区别，作者为什么还要分别写到这些人？（追问二。）

生： 作者写这篇文章是在辛亥革命之后。辛亥革命为什么失败？就是因为从统治者到老百姓，从看客到茶客，其间不论男女老少、远近亲疏，没有一个人理解革命、支持革命，可见革命者和革命是多么的孤独。

师： 那鲁迅写这篇文章有什么目的？

生： 拯救社会！一个病态的社会。

师： 谁病了？什么病？

生： 人人都有病。大家的通病是不理解革命。其中刽子手的病是贪婪、残忍、见利忘义；茶客一类人是阿谀奉承、是非不分；夏家和华家是对革命的不理解，展现出他们的愚昧。

生： 我不赞成"人人都有病"的观点。

第四单元 写作重证据 · 235

师：那你认为谁没病？

生：夏瑜啊！作者一直都是赞扬他的，赞扬他对革命的热情和执着，"关在牢里还要劝牢头造反"，多执着呀！

师：别的同学对夏瑜还有不同的看法吗？（追问三。）

生：我认为夏瑜也有病。当时的所有人都不理解他，他"关在牢里还要劝牢头造反"，由此可见他对当时的社会形势是多么不了解，这样的革命只能是一个悲剧。由此可见夏瑜是天真的，也是幼稚的。

师：大家说得很好。夏瑜的形象也是多面的，既有热情、执着的一面，也有幼稚、天真的一面。那鲁迅塑造这样一个革命者形象的目的是什么呢？

生：鲁迅塑造夏瑜这样一个人物和写这篇小说的目的是要指出当时社会的种种弊病，群众的麻木和革命的失败也可以引发我们对当时社会种种弊病的思考。

研究人员发现，这个实录过程体现了课堂生成的飞跃，产生飞跃的原因有以下几点。

其一，教师找准了课堂生成的起点，这个起点便是学生真实的认知和认知冲突。研究者发现，当教师抛开自我预设的种种束缚，以学生讨论过程中的焦点问题作为课堂的切入点和升华点的时候，学生的思维表现得非常活跃，他们发表观点、参与讨论的主体意识非常强烈。学生对文本的阅读质量提高了，看问题的角度多了，也出现了人物的多元评价，彼此之间的思维碰撞非常激烈，而且教师的状态也明显地放松了，师生沟通非常顺畅。

其二，教师层层推进地追问，也使学生的认知在循序渐进中产生了质的飞跃。在生成性教学中，教师的有效追问必不可少。所谓有效追问，并不仅仅是关注学生对思维结果和思维过程的表达，它是一种对话——是师生、生生、生本之间多种观点的分享、沟通、理解的对话，更是师生、生生、生本之间多种观点的分析、比较、归纳、批判和整合的互动与互成的过程，并最终形成学生对文本的深刻理解。课堂实录中，教师的三次追问毫无疑问地推动了学生认知的飞跃。

其三，第二次讨论环节的设置，建构了新的教学环节、教学内容，让生成走向了动态的精彩。由于在华家和夏四奶奶对待夏瑜的态度的问题上学生争议很大，教师便抓住了学生提出的这个有价值、有创见的问题与细节，及时调整了预设的计划，设置了第二次课堂的讨论环节，让更多的学生参与到问题的探讨中，并因此获得了成功。

4. 执教者的感悟

在第三堂课中，我明显地发现，当我抛开自我预设的种种束缚，以学生讨论过程中的焦点问题作为课堂的切入点和升华点的时候，学生的思维表现得非常活跃，他们侃侃而谈地发表观点，自信地坚持自己的观点，而我的心态也逐渐放平，开始真正地融入学生的争锋中。针对这样的情况，我对课后作业做出了调整：选择今天课堂上出现的你最有话可说的一个问题，发表自己的见解，字数不限。第二天的作业无人缺交，甚至好些同学写了千字以上的文章畅谈自己的见解。我被震撼了，我觉得这样的课堂效果是教师无论用怎样精巧的预设和引导都不可能达到的。这节课真是让我受益匪浅。

三、结论：化解预设与生成的重重矛盾，让课堂生成走向深入与精彩

以鲁迅的小说《药》作为研究载体的高中语文生成性教学的专题研修活动，使我经历很多，执教中也备受煎熬。但我还是在曲折艰难的研究过程中，发现了一些让课堂生成走向深入与精彩的有效策略。

1. 预设的问题要有目标性、严谨性和鲜明的指向性

生成性教学是一种教师和学生主体间的指导性学习，它必须以明确的教学目标、严谨的问题和鲜明的指向性为指引。没有目标、缺乏严谨性和指向性的课堂生成往往是浮浅的，其结果常常是问题的搁浅。

2. 预设的问题要有足够的思维开拓的时间和空间

新基础教育在教学过程中强调课的动态生成，但并不主张教师在课堂上

信马由缰式地展开教学，而是要求设计有教学方案，并在教学方案中为学生的主动参与留出时间与空间，为教学过程的动态生成创设条件。

3. 预设的问题要轻思维的结果、重思维的过程

生成性课堂的一个主要特征就是教学过程的非线性。这就要求我们在预设问题时轻视思维的结果，关注思维动态生成的过程。任何线性的、控制的、价值预设的东西都应该被摒弃，要让教学成为一个自反馈、自调节、自组织的动态呈现思维的过程。

4. 面对课堂的新生成，教师对问题的预估至关重要

课堂是瞬息万变的，如何从容而又游刃有余地面对课堂的新生成，教师对问题的预估至关重要。教师要从学生的现状做出多种假设，拟定一个大致的框架、轮廓以供学生选用，并在运用中随时调整。

5. 课堂生成要以学生真实的认知和真实的认知冲突为起点

真实的课堂应该面对学生真实的认知起点，展现学生真实的学习过程，让每个学生都有所发展。真实的课堂不能无视学生的学习基础，不能把学生当作白纸和容器，随意刻画和灌输。

6. 新的教学活动、教学内容的建构，能让生成走向动态的精彩

教学内容不仅仅是事先预设的、固定的"确定性知识"，而应该具有一定的随机性和灵活性，并包含一定的师生共同建构的"不确定性知识"。教学活动的过程不仅仅是预先设置的，应在执行的中途不断地得到修正、改变和增减。新的教学活动、教学内容的建构，能让生成走向动态的精彩，并在动态生成中升华。

7. 面对课堂的新生成，教师要学会"自我悬置"

从学生出发的教学预设与生成，要求教师首先学会"悬置自我"，学会倾听学生的思想和表达的观点，从关注学生的思维出发，去建构新的教学观念和行为。教师的"忍"往往成就的是学生畅所欲言的"说"。生成性教学的最大障碍不在学生的理解能力、表达能力和语文学习基础的薄弱，而恰恰

在教师自身。教师以自我为中心的教学观念、一贯坚持的师道尊严、在课堂上展示自我的强烈愿望常常是阻碍生成性教学得以顺利开展的关键因素。一波三折的课例研究几近结束，但留给我的思考还在继续，我的课堂还依旧在期待我的改进……

（本课例研究的作者为浦东新区三林东校的刘姣老师。参与者有浦东新区教科研室的黄建初、郑新华、张娜老师及三林东校高中语文组的全体老师。）

从实证研究看，这是一篇将实证研究思想运用于课例的上品佳作，堪为范例。理由是：以实际问题作为研究的逻辑起点，以假设与验证的思路做研究；以课堂观察员的观察搜集证据，对证据展开深入分析，证明假设的真伪；聚焦于研究中的发现，再次设计与实施课例研究，体现了行动研究得到两次验证的精神；三位教育博士以科研员身份参与课例研究，是把理论视角引入研究的体现，提高了研究水平。

[一点建议]

开展教师培训时，我常常推荐这篇研究报告。在培训讲课时，我把作者的七条研究结论归纳为三条：第一，课堂生成要以学生真实的认知和认知冲突为起点；第二，预设的问题，要有足够的思维空间和多种可能性；第三，组织学生研讨要注重思维的过程及思维质量的提高。

这三条原则对任何一门学科、任何一位教师都有启发，这就是教育教学的规律。这是教师通过课例研究探索得出的规律性认识，意义重大，已经超越了一节课、一类课教学的借鉴意义。

尽管刘姣的研究结论可能有专家说过，但这是她通过自己的研究得出的结论，非同小可。这是教师做研究产生的"扎根理论"，即理论的根深深扎在课堂的泥土里。这种认识与单纯听过、读过的认识相比，蕴含着教师的实践性体验,所以深刻!书本的理解只是"浮云",实践的理解才是智慧。

尤为重要的是,教师已经把理论转化为解决问题的工具,成为自己的财富,来之不易,去之也难。

课例研究中的论文写作

[问题呈现]

从广义上说,教师的写作呈现的文本都是论文。但是从狭义上说,所谓论文,是指与研究报告、案例、随笔、经验总结等有区别的一种文体。这里取狭义的概念。

课例研究已经成为教师日常化教学研究的重要抓手,但是能够把日常化的研究用教学论文呈现出来的实例很少。

 [案例析评]

引导教师把教学研究的实态转化成论文呈现出来,是一件很有价值的举措。上海市静安真爱梦想教育进修学院学习共同体研究院的执行院长谈杨在把课例研究素材转化成论文方面有深刻的感悟和独到的见解。以下呈现谈杨老师应邀撰写的文章。

课例研究中的论文写作
——以 LOCA 范式为例

谈杨

论文写作就是将研究活动成果进行结构化的梳理、展示,以供交流。课例研究作为中小学教师的日常研究活动,也能够产出丰富的研究成果。但将研究中的思考转换为论文,还需要对课例内容、思考成果进行比较系统的提炼、组织、分析和表达。

考虑到课例研究流派较多,方法层出不穷,本文择取陈静静博士倡导的以焦点学生完整学习历程观察与关键事件分析(Learning-process Observation and Critical-incident Analysis,简称 LOCA)为核心的课例研究,以此具体分析如何进行高品质的论文写作。

一、获取可靠写作材料,需要方法

要围绕课例研究展开论文写作,首先要对教学现场中的事件进行系统观察,收集可靠材料,并用一定的方法开展分析。

"焦点学生完整学习历程观察与关键事件分析"是指教师将观察和研究的视角从单一的关注教师教学行为扩展到关注学生学习行为,尤其是关注个体学生的微观学习行为。通过对儿童学习行为的非结构化研究,深入探索儿童的完整学习过程,分析具体学习事实,体察儿童内心世界,勾勒儿童学习的逻辑特点与具体需求,以此作为教学研究和改进的基础。

它首先鼓励一线教师在教室中随机或者指定选择一位学生或一组学生(2~4人)作为观察对象,这就是焦点学生。在选定后,教师就坐在学生身边和学生进行友善和蔼的交流,获取学生对教师观察的许可。其后,教师在整节课中,保持连续不断的注意力,观察学生的身姿、体态、语言、表情、动作、书面记录、心理状态等具体而细微的学习事实,并记录这些学习事实发生的时间点,用关键词记录事实的具体内容和自己当时的思考与反思。

通常一节课下来,教师会搜集到非常复杂和多元的学生学习的事实。这些事实所表征的就是一个学生或者一组学生的学习风格、学习困难、学习需求。教师在课例交流环节中,择其关键事件进行讨论和分享。什么叫作关键事件呢?就是这些事件触动了观察者,引发了观察者的反思或是让其印象最为深刻的场景,或者象征了学生学习中的一些典型事件。

在日常教研中,"对单个事件的分析,不能孤立解读,也不能全凭个人的主观经验。教师要善于串联在该事件前后,学生身上所发生的一系列故事,利用蛛丝马迹,追溯特定现象的发生原因或带来的后果,完成溯因分析。这样,立足客观事件,把握发生机制,就能形成比较系统、客观的分析成果。"不同教师对不同个体的精细观察,又汇总起整个班级学习的事实过程,避免对局部化事实的解读出现偏见或解读过度多元。通过观察学生的微观学习行为以及选择关键事件交流和分析,就初步完成了论文写作材料的收集和筛选。

二、选择关键事件,进行组织

在撰写课例论文中,既要考虑到课例的完整呈现又要平衡读者的感受,既不能写过多的叙述而难以阅读,也不能因过于简略,缺乏关键信息,读者对课例不能形成完整的认识,进而质疑后续的若干结论。一般而言,如果一篇论文在5000~7000字,其基本结构应包含"关键事件呈现—事件分析—对策改进"三个主要框架。课例描述部分应该在1500~3000字。而要写好这一部分内容,有几个策略可以参考。

第一,呈现厚实的叙事。课堂事件并不是天然地作为文本存在的,而是经过观察者的分解与折射后才成为文字内容。分解即对事件发生背后的社会结构、文化氛围、个性习惯、学科结构等要素进行拆解,这就是事件之后的"厚实"。而折射意味着教师从自己的立场出发,选择一个又一个妥帖的词语来阐释,准确地拼出事件之后的原因、机理。这意味着教师要具备深度的学养和宽阔的视角,不囿于单一的学科视角或成人视角,善于挖掘事件与其他活动之间的关联,采用"呈现事实—分析核心要素—指出问题"的夹叙夹议之法。如下述案例所展现的[①]:

课始,教师简短地回顾了一下"比"的概念,请每个学生在事先准备好

[①] 谈杨.基于焦点学生完整学习历程的教学分析与改进——以《化简最简比》的课堂观察与反思为例[J].教育研究与评论(课堂观察),2019(4).

的黄色纸片上任意写一个比,并举起来展示。小瑶写的是 5:10,小宁写的是 43:23。稍后,教师便邀请一些学生上台,选取了若干个比汇总在黑板上,归类出整数比(如 4:8)、小数比(如 0.9:1.5)、分数比(如 $\frac{3}{4}:\frac{5}{8}$)、"混合比"(如 3:0.9)四类。

之后,教师请学生在学习任务单上任意选取四个比,将其化简为最简整数比,并想一想"化简比的依据是什么"。小瑶打开课本,轻声读出课本上"化简比"的依据和方法,并快速抄写课本上例题的答案。稍后,她开始完成教师布置的任务。

第一段叙述首先对教师的初步设计、主题等进行了回顾,帮助读者理解全课的基本面貌和意图。

(1)小瑶选择的第三题是一个分数比,即 $\frac{2}{3}:\frac{1}{3}$。她的计算过程如下:$\frac{2}{3}:\frac{1}{3}=\frac{2}{3}\div\frac{1}{3}=\frac{2}{3}\times 3=2$。这个过程初看是对的,甚至许多成人也觉得 2 是正确的结果。然而,答案是 2:1。

(2)这两者的本质差别其实是上节课就应该掌握的核心知识——2:1(比)是一种关系概念,而 2(值)是一个数值结果。此外,从计算过程来看,小瑶是通过除法运算的方式计算的。然而,比不是除法,它们是不同的概念。

(3)小翔对此题的运算为 $\frac{2}{3}:\frac{1}{3}=(\frac{2}{3}\times 9):(\frac{1}{3}\times 9)=6:3$。

(4)显然,他没有理解"最简比"的概念。而且在运算过程中,尽管课本上写着"同时乘以分母的最小公倍数"的方法,但是小翔似乎不清楚同分母的最小公倍数为分母本身,于是依赖直觉乘以了 9。同样的问题,小高也有。

以上四句话对所观察到的事实进行了初步呈现和分析。比如(1)句即是对学生一个典型学习过程的描述,对学习成果进行评析,此时尚属于事实层面。(2)句则对事实中反映的现实问题进行分析,指出具体问题在于比与比值概念混淆、计算过程中比与除的混淆,既帮助读者了解现象背后的问题,也传递出这一事件中教学分析的价值。同样,(3)(4)对另一个学习事件进行了同样的分析。

第二,选择三个左右的关键事件。3000字以内的案例叙述既要呈现整节课中学生的学习历程,又要使读者把握其中的关键之处,考验的是教师对材料的选择和组织能力。通常,在论文中所呈现的案例不会超过三个,三个事件往往按照前后发生的次序排列,从整体理解上让读者能够掌握全课的脉络。哪些事件可以作为写作对象呢?试举两类供参考。

一类是标志着学习成果的重大转折。也就是学生放弃学习、陷入困境、突破若干步骤或获得成功的地方。借助此类事件,教师可以研究学生的学习产生困难的原因是什么,是否得到解决,挑战失败或成功的原因是什么等。对这样的重大转折进行研究,就是对教学中的迷思概念、学伴关系、学习经验等要素的研究。

一类是标志着学生的学习逻辑与思维特点,通常是学生能否投入学习、采用了有效的学习方法、有独特而精彩的观点、有超出预料的表现等明显外露的事件。这些具体情境中包含学生的学习兴趣、认知能力、方法经验等核心要素,也将为教师的学习设计与教学提供最基本的保障。

第三,善于拟好小标题。要展现比较清楚的案例叙述,就要善于用二级标题对案例进行总结和提炼。比如上述案例中,其对应的小标题即为"过往学习经验导致学科迷思概念",利用学习经验和迷思概念对案例中学生的学习故事进行概括。其后安排了课中与课末的两个关键事件,标题分别是"学困生提出问题,学优生解释不清""被动听讲与浅表思考的学生无法应对高挑战问题"。通过这些二级标题,呈现了较为完整的课堂动线,也初步分析了一些实践性的问题。但这类事实分析还比较浅显,需要作者从一般性的实践问题进入深度分析。

三、深入分析材料,提炼论题

深度分析,意味着为论文确立论题。佐藤学教授指出,田野考察所需要的论文体裁应该是以"事件"为中心展开论述,针对"问题",聚焦"论题"。同时,应该以洞察"难题"而展开。在分析的初始阶段,教师往往会指出一些观察到的问题,而这类问题其实是属于"现实性的问题",即在现实情境中发生的具体的实操性问题。如下面这段一线教师所写的观察:

> 学习提示中的"学习小伙伴"容易产生理解困惑,学习哪个小伙伴?学习什么呢?是鼓励不会说的学困生学习首先开口的伙伴吗?当时我是存在困惑的,后来和老师交流,得知就是轮流说一说自己的发现。这也给了我启示,在编写指令语的时候,一定要简洁,瞧我这个死脑筋的"学生"不就纠结在"学习小伙伴"身上了么。

这段独白描述了三年级学生对书面指导语中"学习小伙伴"含义不甚清楚,属于提出的事实或现象。作者指出的是现实问题,即"学习哪个小伙伴?学习什么呢"。但在现实问题背后,研究者或者论文所要进一步关注的是以现实性问题为基础的理论性问题的提出和回答。

从这段独白的写作来看,此问题背后的核心难题是小学生学习关系建设的困境。研究者应该论述的论题是如何持续性培育学习伙伴关系。其采取的策略之一是如何借助清楚有效的教学指导语引领伙伴关系。因此,教师在摆出事实、找到问题之后,要善于挖掘可以开展论述与分析的理论层面的论题。这一论题成为叙述的中心,并得到具体事件的支持。

在论证中,还要能有意识地引证文献。对事件、问题、论题的阐释和分析,是教师研究能力和成果的具体展现。而要使得上述判断令人信服,除了对事件和问题的深度分析外,引证文献加以佐证也是不可缺的。试先看以下节选案例。

(1)学习共同体理念倡导的课堂变革以协同学习为核心。协同学习与合作学习都是小组学习的一种样态。

(2)但是在实践中,协同学习常常被视作小组合作学习或所谓的新合作学习。由此衍生了较多的认知困扰和实操混淆,尤其是当前对合作学习的批判日益增加,甚至出现了合作学习"阻碍了教学的进一步变革与发展"等声音。因此，结合具体实践，澄清协同学习与合作学习的区别，是一线教学迫切需要的。

（3）在组内分享和交流环节，小宁（组长，"优秀生"）和小瑶（组员，"学困生"）之间发生了较多的对话。按照教师的设计，组长要对组员进行讲解（教学）。长期以来，学生习惯了这样的模式：组员主动聚焦组长，等待组长发言；组长主动讲解自己的认识与思考。然而，在主动讲解中，小宁只是不断重复自己已经知道的内容，而没有带来有价值的见解——没有促进组员的理解。聚焦本次对话的关键，小瑶提出了两个问题：为什么同时乘以12？为什么同时乘以4？其背后真正的疑惑是：面对分数与整数的"混合比"，怎么才能找到分母的最小公倍数？正因为小瑶的两次提问，小宁才两次修改了自己的学习成果。

（4）可见，让学习真正向前推进的，不是此类合作学习中所展现出的由"懂了"的学生对其他学生进行解释（指导），而是由"不懂"的学生对其他学生进行提问，引发思考、交流和论证。因此，所谓的"能够向别人解释的儿童就是已经理解的儿童"，其实质应该是"能够回应'不懂'的儿童与能够说出'不懂'的儿童才是可能走向理解的儿童"。因此，协同学习，要求以互相学的关系代替互相教的关系，并非学理上的标新立异或自我臆想，而是真正对学习历程进行深刻观察后儿童的学习规律使然。

上述分析过程中，指出了一个理论层面的问题，即协同学习和合作学习的差异，并进行了分析。其叙述过程如下：首先，（1）句明确论题中的两个核心概念，指出两者隶属的上位概念（小组学习）。其次，（2）句描述一般性的现实困境，即概念混淆和实操困境。但一旦涉及一般性判断，就不能是简单的个人判断，而需要证据支撑。此类证据包括自己所积累的厚实案例，也可以通过引用他人已有研究成果进行佐证，此处即是文献支撑的意义所在。因此，本文在此处引出他人观点即"阻碍了教学的进一步变革与发展"。概念界定和描述完成后，从（3）句开始是对课堂事件的整合描述，作为（4）句具体分析的证据支持。

四、依据既有分析，提出问题解决策略

采用课堂观察进行研究，对学术研究者而言，往往是采用概念化的方法，对现实进行叙述，揭示文化、政治等的内涵，不关心现实问题的具体解决。但从行动研究的角度来看，研究者参与这类一线研究，必须要再次回到现实，与教师共同改进课堂。而一线老师开展课堂行动研究，天然具有改进的动力和能力。从论文发表角度而言，能够提出高质量的改进措施，意味着对课堂教学进行了一定程度的创新创造，具有相当的价值。

改进的提出要与前述的关键事件和分析相呼应，考验着教师对于课堂教学生态的思考与建设。我们可以采用一些视角去观察与分析。限于篇幅，在此仅举两点。

第一，从学习设计入手提出改进。学习设计有别于教学设计。教师普遍习惯于从如何教学的角度来进行教学安排，在教学过程中也更多地关注自己的教，关注如何完成既定教学任务。但从课堂观察中的学生学习事实而言，教师更加需要的是如何从促进学生的学习角度进行学习设计，根据学生的实际需求安排他们的学习历程。因此，改进的第一个落脚点可以放在如何将学生的学习历程设计出来，往往采用学习单，聚焦1~2个核心挑战性问题来处理。

第二，从学习关系入手提出改进。学习关系不佳是微观观察中最容易识别和发现的问题。学生之间普遍存在着高度竞争、个人化的学习，缺乏相互倾听、相互关照的润泽的学习关系。这种竞争性、漠不关心的学习关系往往导致学生遭遇困难时缺乏求助对象，不敢求助，进而放弃学习、畏惧挑战而逐步成为学习困难的学生。要改变这一现实，其实是需要教师进行比较系统的改进，包括创新教室空间安排、学生学习伙伴设计、倾听关系建设、班集体自治管理等在内的方法。

从描述学习历程、提炼关键事件、分析问题与论题直至提出系统改进，构成了课堂观察中论文写作的基本结构。但我想在结构之外，更重要的是教师能否深度理解儿童、理解学科、理解自我。有了深刻的理解，一种论述结构才能真正发挥作用。

最后，简单说说理论与实践的关系。论文经常被视作理论化、结构化的成果。许多老师往往将"理论指导实践"奉为圭臬，善于引用一种理论框架去描述和分析鲜活的教学事实，最终构成一篇论文。这样的操作方法本质是对理论知识的重复。

归根结底，理论是对现实的解释，理论发展意味着对现实的解释更加逼近真实状态。所以我们应当追求的是实践中的理论，而不是重复性操练理论的实践化。从这个意义上来说，深度观察学生具体的、真实的学习行为，并能进行科学合理的解释时，教师自身就掌握了理论发展与实践发展共同推进的根本能力。

当然我们要有一定的理论学习，从而丰富我们的理论视角，培育理论敏感性和建构专业能力，但课例研究的最终指向是实践的再创造、理论的再创造。

[一点建议]

把日常化的教学写成论文，是一个有待深入研究的问题。

2020年6月，我和克旗小学语文骨干教师群"相遇是缘"里的教师们进行了一次网上研讨，主题是"怎样写课"。通过讨论，得出了三条结论：好的"写课"需要有好课写，还要有理论视角剖析；好的"写课"需要把课例研究做实做好，有团队的支持；好的"写课"不必去写学理分析的大文章，而要从实际出发，撰写"小文章"。

对照谈杨老师的文章，三条研讨结论与本文在很多地方是相通的。值得教师学习的是谈杨老师有较高的站位，有较宽的理论视角和写作能力来驾驭课例研究中的论文写作。

如何撰写课题研究报告

 [问题呈现]

撰写课题研究报告是一个必要的环节,在教育研究方法的书里都有专门章节阐述,所以这件事情初看好像不难。况且在杂志里寻找研究报告也容易,教师只要模仿就行。然而,实际上,它真的是一个难题,看了书还不会撰写的大有人在。

在工作室培训中,我既告诉教师一份规范的研究报告的基本要素有研究的问题与假设、研究设计及其研究方法、研究过程与结果、结论与讨论,也推广案例评析、课例研究和教育叙事,要求学员撰写教育随笔,记录教育故事与思考,提出观点和主张。学员的写作不再拘泥于教学论文、研究报告及叙事的随感随思,有助于提高"我手写我心"的能力和自信。

这个历练的过程,也是教师为撰写课题研究报告而做的准备。

 [案例析评]

一、叙事的行动研究报告评析

教师学做研究,以行动研究为主要方法,所以这里提供的是行动研究报告范例。

计华洁老师是三林中学的数学教师，浦东新区青年骨干科研培训班的学员。她的研究报告《高中数学实施"独立作业法"的行动研究》已经获上海市三等奖，得到专家认可。回顾这个过程，可以看到一位普通教师的研究报告是怎样诞生的。

我和计老师是在浦东新区科研骨干教师培训班小组活动时认识的。每个学员在培训的一年中需要学做一个课题，一边学习，一边实践和研究。那天，秋日阳光灿烂，我们选择了北蔡高中的长廊交流个人选题。当轮到计老师报告选题时，她说："我的课题已经做完了。"我说："那你来干什么呢？"计老师说："我来学习怎样撰写研究报告。"我说："不是已经发了一本上一期学员的成果集了吗？你学习参考一下，试试？"计老师说："我不会写！"

1. 先把研究过程写出来

我还是第一次听到这么直率的回答，想了一下，说："那你先把研究的过程写出来，好吗？"计老师爽快地答应了。

于是，计老师把她做研究的过程一点点写了出来。因为她的研究是真实的，所以把研究过程按照时间顺序写下来不难。我阅读她的文章，给文章加入了小标题：研究的缘起、研究的假设、研究的实施、研究的成效。通过小标题的插入，形成文章的主线。

后来，我还要求计老师做了内容的补充与完善，补充实例，补充故事，使叙说完整连贯，修改了七次。

到了第八稿，我要求计老师加入一段"实践中的反思"。计老师加入了如下文字：

"独立作业法"受到了领导的高度重视。之后请回退休的叶老师，举办了"独立作业法"研讨会。我也在学校"仰高论坛"中汇报我的工作。

当然，在实践的过程中也有很多质疑的声音，这些质疑绝大多数是善意的，很多也是我在实践中的困惑。比如，有的老师问："你的独立作业不就是一次小测验吗？"对此，我觉得形式或名称不是最重要的，如果小测验的内容设计有"独立作业"那么有针对性，实施和批改有那么郑重和及时，对学生的影响又大的话，你叫它"小测验"也无妨。

2. 寻找理论支撑

文章的叙说已经完整，还需要寻找理论支撑。我从上海教育网上下载了几篇文章，主题是"以学定教的课堂转型"，发给了计老师。计老师把"以学定教"的思想与研究挂钩，对文章又做了修改。报告得到了理论的支撑。

叙事研究报告的标题，回到了叙事的风格："一、非'独立'之痛；二、他山之石；三、小试牛刀；四、初见成效；五、反思与讨论。"对此，她说：

"独立作业法"是我为完善学生的学习方式、提高学生的学习有效性所做的研究。顾名思义，它以作业为突破口。这种"草根"方法，我实践了多年，取得了一定的成效，也遇到了一些困惑。我一直想把这种做法用文字表达出来与大家探讨。但苦恼的是，我不太会用规范的研究报告的方式写。我也努力尝试过，但写出来的文章有三个问题：首先，大家不知道我所描述的"独立作业法"究竟是什么。其次，论点苍白无力，读过的老师说我的文章更像是某种商品的广告。明明是真实的，看上去却很假、很空。最后，论据生硬，缺少生动的例子，也使我的文章不具可读性。

事实上，对于我们一线教师来说，手头最多的就是鲜活的例子，但像我这样刚开始接触教育科研，又是理科出身的老师来说，要我用规范的研究报告的方式将自己的行动研究呈现于字里行间，确实不易，就像守着一座金山却不知如何挖掘。

黄老师给了我一个建议。于是，我改变了文体。我的第一感觉是，写起来顺手多了。几年来我实施"独立作业法"的过程，点点滴滴犹如放电影般在我眼前浮现，而且源源不断。写着写着，我开心地笑了；写着写着，我又陷入了沉思。文笔虽然不够老练，文采亦无从谈起，但感情却能真实流露。这使我深深地感到，适合自己的才是最好的。

计老师碰到的难题是要把平时的工作和生活话语转换成学术话语，把依据时间顺序展开的研究活动，"切断""再造"组装到研究报告的框架内阐述。我建议她用叙事的文体——以讲研究故事的方式展开叙述，大大降低了写作难度，也保留了实践研究的生动、有趣。

在初步呈现出研究的故事以后，再做分段和拟出标题就比较容易了。有了叙事的文本，再做理性思考，并且把"研究要素"植入文本，这样就有了两条线索的重合与展开，实现了做行动研究、写叙事的行动研究报告的理论假设。一如刘良华教授倡导的，教师要做调查研究和行动研究，写叙事的行动研究报告。

3. 叙事的行动研究报告辨析

辨析一："高中数学实施'独立作业法'的行动研究"是不是叙事？

报告中对行动有概述，有描述，也有"近景"式的详述，还加入了作者的思考和情感，显然是一篇叙事文章。如文章中有这样的表达：

> 开学我们照例要大扫除，大家都扔了好多学生的试卷，但是我突然发现叶老师扔的试卷有不少是学生没做过的。我就很纳闷，因为叶老师所教班级的数学成绩一直不错，而且在不断进步。当时题海战术盛行，他的班级比我们少做十几张卷子，怎么可能考试成绩还比我们好呢？于是我向叶老师提出了疑问。叶老师笑呵呵地说："你别看我扔了很多卷子，但'有价值'的题目，我不会比你们少做。"原来叶老师早就发现过多的作业量，让学生疲于应付，抄作业等现象也越来越严重。所以他没让学生做这些试卷，而是把他觉得有价值的题目记录下来，在习题课上让学生当堂完成，称之为"独立作业"。听完叶老师的话，我觉得这跟我想以作业为突破口，培养学生的学习习惯，提高学生的学习质量非常契合。于是，我决定也来实施我的"独立作业法"。

辨析二："高中数学实施'独立作业法'的行动研究"算不算研究？

研究最基本的要素是：问题与假设、资料与证据（也有称为研究的方法和过程）、结论和讨论。从文中寻找相应的要素还是很容易的。

针对实际情况，一方面，我要求学生：做作业时独立思考，解决能解决的问题；将不能解决的问题做好记录，听老师分析（或与同学探讨），再次独立思考并解决问题；找出自己为何不能解题的原因，做好记录。另一方面，我要求自己根据学生家庭作业（巩固当天复习的知识）的反馈，精简每周的综合练习（从两天一份减为一周两份，一份课堂完成，一份周末完成），给学生思考、提问的时间，也节省课堂分析的时间。利用这部分时间，我再根据综合练习中的问题和本阶段复习的重点、难点设计"独立作业"，使学生的练习和教师的讲评更有针对性，通过以效率要成绩替代以前花时间精力要分数的做法。

计老师根据叶老师的做法感到实施"独立作业法"有助于提高学生的学习成绩。在研究实施之前，这个观点可以被看作研究的假设，而研究就是验证观点是否成立。

辨析三："高中数学实施'独立作业法'的行动研究"是不是行动研究？

行动研究的三要素是在行动中研究、对行动的研究、为行动而研究。行动研究的基本步骤是聚焦问题、形成假设、实施研究、反思结果。计老师的行动研究，已经包含了这些要素。

对问题的陈述：计老师接手的文科班，数学考试位列平行班之末，怎样提高成绩是她面对的真实问题。

形成的假设：如果学习叶老师的做法，改进作业选择和批改的方法，可能会提高成绩。

实施研究：把假设放到教学中去实践，逐一落实。

反思结果：辨析行动与效果之间的联系，没有取得成效时反思检讨，修改方案继续行动。

为什么要用叙事的话语撰写报告？用叙事的话语来表述教师行动研究的

成果，突出之处在于：一是细节的描述，呈现了教育在细节处的魅力；二是语言的生活化，贴近教师真实的日常工作生活，易于产生文章与生活的自然融合，而不必经过从"日常话语"到"学术话语"的转换，随教师的教育生活而自然流淌。

我得到的认识是，不必用"规范"的学术语言苛求教师，能够在学术语言和工作语言、生活语言中自由转换当然最好，如果不能，也不必苛求。教师自有教师语，不必勉强仿"学术"。

我们从杂志上看到的教育研究报告是有套路的。学界已经形成了基本规范，它的好处是容易学，不足之处是框住了手脚，变成科研"八股文"。刘良华教授针对通行的研究报告的不足，告诉教师要"写叙事的行动研究报告"。因为教师的研究在职场中进行，与学生打交道，故事比较多，描述分析比数量分析更贴近教育实践，也容易上手。

二、以课例为载体的行动研究报告评析

陈静静博士在上海市南汇第五中学上了一节《佐贺的超级阿嬷》的研究课，然后撰写了一篇长达13000字的课例分析。①

文章的框架是："序言；一、学情分析；二、学习环境重新设计；三、文本选择与解读；四、学习设计；五、侧耳倾听、串联起课堂中的故事；六、课后研讨与反思。"

文章看似很复杂，其实还是三段式，有"课例研究的缘起""课例研究的过程""课例研究的结论与讨论"。文章之所以很长，是因为文中对教学过程的记录非常详细，充分展现了作者的思考，用作者所拥有的理论视角对教学进行了淋漓尽致的阐述。学情分析跳出了一般分析的宽泛，学习环境设计别具一格，文本的选择深入学科本质，学习设计把学习共同体的理论和实践——怎样设计冲刺挑战性问题、怎样实施倾听和串联，都一一予以说明。

---

① 陈静静.学习共同体——走向深度学习[M].上海：华东师范大学出版社，2020.

这篇文章既是一篇课例研究报告，也可以看作一篇行动研究报告。

《什么是高品质的课堂——〈佐贺的超级阿嬷〉》是一份简化了的研究报告。它具备了研究的要素，有问题与假设，有方法与过程，有结论与讨论。研究结论来自课堂教学的过程，是有证据证明的。与一般教师相比，陈静静博士有学习共同体理论指导，有学习共同体实践支撑。因为对当前课堂教学的弊端有比较深刻的认识，她的教学设计与实施就有了与众不同的高明之处。

陈静静对这节课做了录像，所以很多教学细节容易回顾与分析（录像带分析就是一种研究方法），再加上课堂观察员对学生学习状态的记录与分析，证据很充分，结论就可信。

我和五中的倪老师分头做了课后的问卷调查与个别访谈，得到了多重证据的互证，这是实证研究价值的体现。

这份研究报告不但有形，还有神。阅读这样的叙事报告，读者容易产生共鸣，得到感动，获得教益。它有两条线索贯穿其中：一条线索是研究的实施过程，以故事发生为顺序娓娓道来；另一条线索是研究的要素，基于问题与假设、方法与过程、结论与讨论而展开。

三、教师研究特征分析与选择

1. 教师做研究的四对关系辨析

刘良华教授的文章《教师研究与专家研究的大同小异》，只指出了"大同"，而没有"小异"。我顺着他的结论进行思考辨析，撰写了《教师做研究的四对关系辨析》，阐述了其中的"小异"。

（1）情境性与普适性。我们曾经也学着专家做普适性的研究，却脱离了教师的实际情况。教师的研究是基于职场的研究，情境性研究的特征非常明显。

（2）选择性与系统性。教师做基于情境性的研究没有必要做到像专家一样对文献做系统性的检索，做充分的分析与解读。

（3）实证研究与学校教改。把教育改革变成实证研究。其路径是，先对问题做深入调查分析,以此为基础形成研究假设,然后是验证假设的真伪。

（4）研究方法的经典性与创新性。教师做研究既没有独立于经典方法以外的研究方法,也没有必要另起炉灶自搞一套。

对教师来说,研究方法的设计分两类:一类是单方法研究,如调查研究、行动研究;另一类是多方法研究,比如行动研究与调查研究等方法的混合运用。至于文献研究,对每一个课题都是必不可少的环节,所以可以不作为一种研究方法单列。多方法研究的课题,方法之间不是并列关系,而是主次关系。

2. 面对两种研究方式,教师如何选择

王丽琴博士是一位从教学一线走上专业研究道路的专家,她就自己走过的研究之路撰写了一篇文章坦陈心迹,可以给我们一些启发。

我后来通过考研、考博离开了一线,成为一个所谓的教育研究者,不能不学习规范的研究方法、按照规范的研究路数去做各种论文,做各种课题。

一路上,我看到太多表面的规范下的僵硬、吓人的玄虚下的空洞,包括我自己的学位论文,虽然一直保持着自己的一些底线（不抄袭,不篡改数据）,但迎合评审专家的胃口,迎合学术的某些潜规则,是必须的,也渐渐失去了对规范教育研究的向往与热情。在遇到质性研究（也可以代之以"叙事研究"这个称呼）之前,我是相当苦闷的,总觉得自己的路走不下去;意外读到费孝通先生的《江村经济》之后,我才知道,其实,规范的学术研究也是可以相当清新、字字珠玑的。之后,我越来越偏离受过的所谓专业训练,较少做文字游戏,较少做量化的统计分析,而把更多精力投向访谈、观察、田野考察,我的论文也越来越多了非规范性的元素。

我的努力第一次得到明确的肯定,是在《当代教育科学》的编辑那里。他们以连载的方式发表了我的一篇三万字的质性研究报告。这篇被当成代表作提交的论文,差点让我在副教授的评审中折羽,因为三位专家中有一位很不喜欢这种叙事风格的研究,质疑我的研究能力。幸好其他专家中有比较认可叙事研究的，侥幸放我过关。这样的遭遇，在博士论文答辩中也有重演。几位答辩委员中，有认可我的田野研究精神的，也有质疑"除了故事，你的研究在哪里"的。我的十余年教育科研求学之路其实就是在规范和自由、传统的教育研究与新兴的研究方式之间左右摇摆的过程。

回到一线教师这个定位，要不要做规范的教育研究，每个人是有选择的机会的。愿意，适合自己，就应该认真地学习，逐步地规范；不愿意，不适合自己，自可以远离，并尊重那些愿意做规范研究的人。（当然，也应得到对方的尊重。）

更为艰难的是，和其他更为成熟的研究领域相比，教育研究的规范本身是存在很大问题的。曾经有人认为实验教育学是规范中的规范，教育实验是最为规范的研究方法，不用实验法的研究，就是不规范。现在看来，未必如此。

由此可见，课题研究报告从大类上区分，出现了两种类型的分野：一类是学界、杂志编辑比较认可的学术性研究报告，有学界规范和学术话语系统承载；另一种类型是适合教师撰写的叙事的行动研究报告，以叙事——讲自己的研究故事为线索，把行动研究的基本规范融汇其中，也不失研究的"六要素"。至于教师喜欢走哪条路径，尽可选择。

[一点建议]

撰写研究报告其实一点儿也不难。如果研究的实施过程完整清晰，过程性资料齐全，每一个步骤都务实有效，对资料做过初步整理分析，那么形成一份研究报告是不难的。上海市南汇第四中学的课题结题报告的过程非常顺利，就是依托过程性资料的累积。陈静静博士、计华洁老师的研究过程清晰有序，最终撰写研究报告时也非常顺畅。计老师在回顾这个撰写结题报告的过程时得出结论，"适合自己的才是最好的"。此话含义深刻。

可见，如果课题设计与实施有瑕疵和漏洞，对方法的运用模糊不清，研究的过程性资料不完整，最后撰写研究报告困难重重也就在所难免了。

后记　斜风细雨科研路

本书是我从事教育研究过程中学习、实践、反思、提炼的成果。

我给教师进行教育研究的建议是——走向有理论视角的情景性本土化实证研究。提出"情景性""本土化"的含义是：在真实的教育情景中开展研究，在解决本土的教育问题中实现创新。这是我得到刘良华教授"走向有理论视角的实证研究"的启发，根据经验与案例，从比较与判断中得出的结论，也是对教育研究转型的思考与反思的结果。

我曾经担任区级教师进修学院科研室主任多年，工作职责是普教科研的普及、指导、管理、研究。担任教科研工作室主持人多年，任务是培养具有研究能力的骨干教师。这个过程是我阅读、研究、写作与指导的过程。

上海的普教科研积累了丰富的底蕴。我注重博采众长，虚心求教于专家教授，吸收他们的理论成果；也学习其他区县科研主任的先进经验，把方法、策略、思想推广到学校和课堂；也和教师们一起沉潜于课堂，开展"临床研究"，在实践研究中实现实践创新。就我自己而言，研究聚焦于三个方面："教师怎样做研究""教师的教育写作""教师的专业成长"。在科研方法培训中，我曾经撰写了系列培训课讲义，如"教师学做研究""课例研究""教师学做案例""教育写作入门"等，收到了良好的效果。尤其是 2006 年以来持续十多年的科研工作室骨干教师培训，成效明显，受到学员的欢迎。

我外出讲课也比较多。每次备课都把真实的研究故事、方法和学理进行系统的思考与整理。每次讲课，都是接受教师检验的过程，在课后的交流中，我也不断吸纳教师们的反馈意见，并对自己的讲义进行增补修订。我的培训以案例为基础，引出方法，最后归纳学理，比较符合教师的需求和认知特征。这些经历和经验为撰写本书提供了基础。

这些年来，教师从事教育研究的形势欣欣向荣，参与研究的队伍日益壮大。在指导教师学做研究中，我发现后继者也会重复踏上前行者的足迹，碰到的实际问题也很相似。科研主任和教师队伍的更新，导致了我们区县的教科研培训指导工作非常繁重，也常常重复。站在教师的角度思考，希望有一本贴近实际的科研指导手册供他们学习借鉴，以便让教师愿意入门，成为熟练者，继而成为行家里手。

上海普教科研界的前辈、同行堪称我和学员成长中的"重要他人"，一场"教师研究"的问题讨论，堪称我们学术路上的"重要事件"。2010年，《上海教育科研》的张肇丰副主编组织了一场关于"教师研究"的问题讨论，我率领工作室的学员以一次专题讨论参与其中，揭开了这场大讨论的序幕。而后有教授、专业研究人员、教师参与讨论，刊登的文章中正反观点同时"登台亮相"，真正具备了学术研讨的韵味。比如，刘良华教授以《教师研究与专家研究的大同小异》参与研讨，杂志还刊登了柳夕浪先生的《为"教师研究"正名》，给了我极大的启发。这场学术研讨的方法和精神十分可嘉。这场大讨论澄清了很多问题，也坚定了我走实践研究和实践创新之路的信心和决心。

刘良华教授提出"教师研究与专家研究的大同小异"。我循着刘教授的研究结论对"小异"做研究，发现了一些值得分享的观点，于是撰写了《教师做研究的四对关系辨析》，提出做教师研究的情景性、选择性以及必要性。我在克旗主持学习共同体课例研究工作室培训时，"本土化研究"一词得到凸显。如今，我积累的教师如何做研究的案例更多了，其中不乏堪称范例的研究成果。受到华东师范大学出版社大夏书系编辑的启发，得到朋友的支持，于是撰写了这本书，以供有心进入教科研殿堂的教师作为入门指导手册借鉴、参考。

在与编辑讨论书名时，我想到了教师做研究需要走向实证研究，以及教师做研究的情景性和本土化问题，由此形成了本书的立意——走向有理论视角的情景性、本土化实证研究。这是有好多案例可以佐证的、基于事实归纳的结论。在关于教育研究方法的介绍和研究方法论的探讨方面，本书用了较多篇幅阐述。

写作的过程是一个思考和反思的过程，得到了专家、专业研究人员和教师的帮助和指导。他们阅看了部分书稿后，提出了宝贵的意见和建议，如张肇丰、魏耀发、刘景升、陈家昌、陈璞先生，王丽琴、张娜、陈静静、王利霞、郑慧琦女士，等等。好友杨海燕女士和谈杨先生应邀撰写的文章已经收入书中。本书引用了不少知名教授专家的论述、讲话，他们言简意赅，往往一语中的。感谢他们！

书中还引用了来自教育第一线教师的案例文章，他们大多是我的工作室、培训基地或专题研修班的学员。这些案例文章我很熟悉。有的文章我是"第一读者"，提出了修改意见；有的文章我曾在稿子上修改、批注过；也有的文章是我"发现"以后，帮助和鼓励教师修改完善，然后推荐给编辑公开发表的。记得修改次数最多的一篇文章，我和作者用邮箱联系进行了十次修改，最后的定稿集中了我们共同的智慧。以文会友，我们彼此得到成全；亦师亦友，我们很享受这份情谊。"青箬笠，绿蓑衣，斜风细雨不须归"，这就是我——一个普教科研人的幸福感和幸福观！学员很多，恕不一一列举。本书中引文的作者有：计华洁、濮毅萍、王丽琴、李娜娜、严长宜、王晓叶、朱春蓉、卜玉芬、倪青、陈华、苟士波、程春雨、夏叶青、夏颜、陆冰轮、张洁丽、瞿琳灵、刘姣，等等。他们还参与了前后两次书稿的校对。也感谢他们！

本书得到了华东师范大学出版社北京分社的各位编辑老师的指导和帮助，再次表示感谢！

黄建初

2021年8月14日